Karl-Heinz Breier

Hannah Arendt im Gepäck

Sieben Wege zum Politischen

Karl-Heinz Breier

Hannah Arendt im Gepäck

Sieben Wege zum Politischen

WOCHEN
SCHAU
VERLAG

Bibliografische Information der Deutschen Nationalbibliothek

Die Deutsche Nationalbibliothek verzeichnet diese Publikation in der Deutschen Nationalbibliografie; detaillierte bibliografische Daten sind im Internet unter http://dnb.d-nb.de abrufbar.

www.wochenschau-verlag.de

Illustrationen von Christine Breier/Kaiser's Art
Gesamtherstellung: Wochenschau Verlag
Gedruckt auf chlorfrei gebleichtem Papier
Print-ISBN 978-3-7344-1639-2
PDF-ISBN 978-3-7566-1639-8
https://doi.org/10.46499/2429

Aufbruch

Endlich auf Reise gehen, was für eine Wohltat. Eine Auszeit nehmen, mal Neues entdecken und vor allem: Abstand gewinnen! Abstand gewinnen vom Alltag und sich öffnen für Erfrischendes, Stärkendes und auch Ermutigendes.

Wie oft wünschen wir uns, neues Terrain zu erkunden und alte Pfade hinter uns zu lassen... Aber ohne Kompass einfach so loszumarschieren oder ohne GPS ins Ungewisse zu fahren, ein gewagtes Stück. Die Gefahr herumzuirren oder sich gar endlos zu verlaufen, sollte uns schon zu denken geben.

Ein GPS, jenes wohlvertraute *Global Positioning System* kann uns da weiterhelfen. Mit seinen digitalen Adleraugen kann es uns den Weg weisen und aus seiner außerweltlichen Umlaufbahn kann es uns zielsicher zum Ort unserer Ankunft lotsen. So lassen wir uns navigieren. Das GPS, unser gleichsam kosmischer Navigator, ist mit einem Landkartenimplantat ausgestattet, das über ein maßgetreues Abbild unserer Erdenwelt verfügt. Großartig, diese sich auch ständig noch erneuernde Landkarte!

Doch wie ist es um unsere Landkarte des Politischen bestellt? Wo liegt sie bereit, und hat überhaupt schon jemand ein solches Ortungssystem erfunden? Welchem Wegweiser, der uns durch das Dickicht der politischen Landschaft führt, könnten wir uns anvertrauen? Hat irgendeine göttliche Macht bereits ein PPS kreiert, ein *Political Positioning System*, das in der Lage wäre, uns durch die Welt des Politischen zu leiten? Und wenn ja, wo gibt's dies bitte zu kaufen, und ist es auch bedienungsfreundlich?

Denn immerhin, als Konsumenten sind wir schon sehr anspruchsvoll, und Verständlichkeit in der Bedienungsanleitung ist ein absolutes Muss. Jeder Produzent muss darauf achten. Wer das Einmaleins kundengerechter Präsentation nicht beherrscht, gerät im Konkurrenzkampf sofort ins Hintertreffen.

In unserer hoch getakteten Vergleichswelt bewegen wir uns Tag für Tag auf dem Markt der Angebote. Wir sichten und beäugen unentwegt. Dabei sind die Türen von Vergleichsportalen weit geöffnet, und wenn wir Priorisierungskünstler sie durchschreiten, dann tun wir dies als kritische Konsumenten. Wir wollen ja möglichst rational entscheiden.

Doch jenseits unseres Konsumentendaseins, was ist mit unserer Bürgerexistenz? Welche Vergleichsportale des politischen Denkens laden uns ein, damit wir uns als Bürgerin und Bürger zurechtfinden?

Immerhin leben wir in einer Republik, und da ist es höchst bedeutungsvoll zu überlegen, was uns wichtig ist. Denn wir sind nicht nur – wie vielfach angenommen – die Adressaten von politischen Entscheidungen. In einer Republik sind wir vor allem die Urheber und Autoren unseres politischen Handelns. Kein Kaiser ist unser Oberhaupt, und keinem König müssen wir gehorchen. Kein selbsternannter Diktator diktiert uns und unser Leben, und wir werden auch nicht von herrschsüchtigen Tyrannen tyrannisiert.

In einer Republik, in der es keine Obrigkeit gibt, verhält es sich anders: Hier regiert die Bürgerschaft sich selbst. Eine Republik ist eine Bürgerordnung, sie ist als *res publica* eine gemeinsame, und zwar öffentliche Sache. Sie ist „*die* Institution der Institutionen", wie es Ernst Vollrath, ein enger Freund Hannah Arendts, mir gegenüber einmal erwähnt hat. Sie ist *die* gemeinsame Angelegenheit, die uns alle in unserem Bürgersein verbindet. Sie ist *die* Institution unserer Selbstregierung. Die Zeiten von Kaiser, König und Edelmann sind endgültig vorbei, und eine Zeit von Tyrannen und Despoten mag sich bitte niemand wünschen! Wir sind frei, frei zu sein.

Self-government, dies ist der angelsächsische Begriff, wenn eine Bürgerschaft sich zutraut, sich selbst zu regieren. Und wenn wir diesem selbst auferlegten Imperativ folgen, so ist damit eine große Verantwortung verbunden. Dann sind wir es, und kein anderer, die ihr eigenes Schicksal in die Hand nehmen. Wir müssen überlegen, wie wir uns regieren und wem wir unsere öffentlichen Angelegenheiten anvertrauen.

Wer soll all die Ämter, vom Kommunalpolitiker bis zum Bundespräsidenten, in unserer Republik bekleiden? Wer soll in die legislativen Ämter unserer föderal aufgebauten *Bundes*republik gewählt werden? Wer soll, etwa als Richterin, in die judikativen Ämter berufen werden, und wie organisieren wir die exekutive Macht mit ihren mehreren Millionen Amtsinhabern, die in unserem, nämlich dem öffentlichen Dienst stehen?

All diese Fragen der Verflochtenheit und institutionellen Ausgestaltung unserer Ämterordnung beziehen sich auf unser komplexes Regierungssystem. Doch in einem fundamentalen Grundsatz ist alles verankert: „Regierung ist nicht Herrschaft.“ Was Dolf Sternberger als scharfsinniger Politikwissenschaftler und ebenfalls Freund Hannah Arendts pointiert formuliert, bringt das Leitmotiv ihrer politischen Wissenschaft auf den Punkt. Sie beide sind Denker und Denkerin der Republik. Mit ihrem Vokabular können wir jenen *Schatz des Politischen* heben, der dieser so menschenwürdigen Regierungsform eingeschrieben ist.

Der mit einer freiheitlichen Republik verbundene Anspruch ist erheblich. Denn *self-government* ist alles andere als eine Kleinigkeit. Dies bedeutet, sich wechselseitig als politisch Gleichberechtigte anzuerkennen und dies im Alltag auch leben. Damit eine so qualitätsvolle politische Ordnung überhaupt bestehen kann, muss sich die Bürgerschaft über die damit verbundene Herausforderung auch im Klaren sein. Wir in unserer Bundesrepublik sind es also, die wir uns selbst unserer politischen Ordnung als würdig erweisen müssen. Denn *regieren und regiert zu werden,* wie Aristoteles betont, ist eine gemeinsam zu erbringende Leistung. Sie ist nicht nur von den Regierenden zu erbringen, auch die Regierten müssen liefern. Lieferschwierigkeiten kann es so gesehen auf beiden Seiten geben.

Wie kann es uns also gelingen, in uns eine innere Republik aufzubauen und zu pflegen, damit unsere äußere Republik, die Republik unserer Institutionen, mit Leben erfüllt wird? Und in welcher inneren Verfassung müssen wir sein, damit unsere äußere Verfassung uns zur institutionellen Heimat wird?

Um diese Fragen zu bedenken und den politischen Menschen in uns groß zu machen, bedürfen wir einer geistigen Landkarte. Sie mag uns und unserem politischen Leben Orientierung geben. Der Orient ist bekanntlich der Ort des Sonnenaufgangs und nach Immanuel Kant kann er uns als Fixpunkt zur Orientierung dienen. Der Wetterhahn hingegen, der sich nach den wechselnden Winden dreht, ist dazu nicht in der Lage.

Wie also ist es möglich, sich im politischen Denken zu orientieren, und welche Ortskundigen, die sich im Terrain auskennen und ihren inneren Kompass justiert haben, können wir befragen? Wen können wir zu Rate ziehen, um uns über unsere Bürgerexistenz aufzuklären, und welche Vordenker bieten sich an, uns in unserem Nachdenken zur Seite zu stehen? Wessen Sprache ist in unserer europäischen Tradition überhaupt republikfreundlich, und welche zentralen Begrifflichkeiten können unser eigenes politisches Denken inspirieren?

Vor diesem Fragehorizont möchte dieses Buch dazu einladen, mit Hannah Arendt auf entdeckerische Reise zu gehen. Mit *Hannah Arendt im Gepäck* sollte es uns gelingen, sieben ortskundige Experten auf ihrem Weg zum Politischen zu begleiten. Denn als „Anwältin des Politischen" – wie Arendt oft genannt wird – ist sie eine vorzügliche Interpretin. Sie ist so fest in der Denktradition von Sokrates bis Alexis de Tocqueville verwurzelt, dass wir sie als exzellente Fürsprecherin dieser wegweisenden Meisterdenker schätzen können. Ihrem privilegierten Überblick können wir uns getrost anvertrauen. Also, los geht die Reise!

Sokrates
Auf der Suche

Wie oft haben wir schon gehört: „Du hast mir aus der Seele gesprochen!“ Da hat ein anderer das ausgedrückt, was uns selbst gerade zutiefst beschäftigt. Das Gegenüber findet die passenden, die angemessenen Worte. Ihm gelingt es, das zur Sprache zu bringen, was uns gemeinsam bewegt. Etwas, was in unserem tiefsten Inneren vielleicht nur schlummerte, vielleicht aber auch vehement hinausdrängte, hat der Gesprächspartner geäußert. Er hat dem eine Stimme gegeben, genauer gesagt seine Stimme, worin wir übereinstimmen. Das gedankliche Innere ist nunmehr in der Welt.

Die Welt – und das ist zentral für Arendts Denken – ist das Zwischen, jener Raum zwischen Menschen, der sich überhaupt erst bildet, wenn Menschen im Sprechen und Handeln zusammenkommen. Im Englischen spricht sie vom *In-between*, von jenem ungreifbaren Bezugsgewebe, das sich als gemeinsam verbindende Welt konstituiert, wenn wir uns sprachlich verständigen.

Solange wir Menschen, wie etwa im Bus oder in der U-Bahn, nur nebeneinanderstehen, wort- und kontaktlos wie all die Gegenstände in der uns umgebenden Objektwelt, solange sind wir gleichsam weltlos, ohne Bezug und Verbundenheit zu unseresgleichen. Nach Hannah Arendt jedoch sind wir Menschen originäre Weltwesen, die nicht nur *in* der Welt der Dinge körperlich anwesend sind, sondern wir sind „*von* der Welt“, wie sie prononciert betont. Unsere uns auszeichnende Zugehörigkeit zur Welt ist eine Zugehörigkeit zur Welt des Geistes und damit zur Welt der Sprache. Wir suchen nach Sinn in unserem Tätigsein, und in dieser denkerisch-sinnhaften Suche verbinden wir uns, wenn wir uns sprachlich austauschen und bereden. Unser Zur-Welt-Kommen ist ein Zur-Sprache-Kommen.

Sokrates nun, der vor mehr als 2000 Jahren lebte und der dafür bekannt ist, auf dem Athener Marktplatz unermüdlich seine Mitbürger in Gespräche zu verwickeln, ist für Hannah Arendt *der* Entdecker des

Politischen. Er lebte in der Polis, dem seinerzeitigen antiken Stadtstaat, und er belebte die Polis als seine Gesprächsheimat. So hat er in seinen Dialogen inmitten der Stadt nicht nur die Verbundenheit zu seinen Mitbürgern gesucht und das gemeinsame Bereden praktiziert, sondern er hat leidenschaftlich zum Denken angeregt. Im gemeinsamen Durchdenken, ja im öffentlichen Nachdenken befragt er die zu bedenkende Sache. Er befragt nichts Geringeres als unsere Lebensweise – in aller Rigorosität.

In aller Freiheit und ohne Netz und doppelten Boden begibt er sich ins Freie, in die Freiheit des öffentlichen Gesprächs. Er setzt sich und seine Dialogpartner den „Winden des Denkens“ aus, wie Arendt es nennt. Und als solcher, der zur öffentlichen Erörterung und zum lebendigen Disput angeregt hat, ist er uns auch in Erinnerung.

Gewiss, die Nachwelt erinnert ihn vor allem, weil er in einem denkwürdigen Prozess zum Tode verurteilt worden ist. Er soll – so die beschuldigende Anklage – nicht an die Götter geglaubt haben, die der Stadt heilig waren, und außerdem soll er die Jugend geistig verführt haben ...

Die Strafe war, den todbringenden Schierlingsbecher zu leeren und durch diesen Trunk aus dem Leben zu scheiden. Dazu verurteilten ihn seine Mitbürger, die über ihn richteten.

Dieses Ereignis – und nach Hannah Arendt sind es die *Ereignisse*, die uns zum Denken anregen und zum Nachdenken bewegen – hat Platon veranlasst, sich nicht in der Polis politisch zu betätigen. Er, der berühmteste Schüler des Sokrates und Autor der uns überlieferten sokratischen Dialoge, wandte sich von dieser heruntergekommenen Polis ab. Athen hatte dessen Mentor, den unerschrockenen und nicht korrumpierbaren Sokrates, zum Tode verurteilt. Athen hatte politisch versagt.

So gründete Platon außerhalb Athens die Akademie, jene Institution unentwegter Erkenntnissuche, die als Hort der Theorie seither der Philosophie eine Heimat bietet. Mit seinem Auszug aus der Stadt kehrt er der Polis den Rücken zu. In bewusster Abgeschiedenheit distanziert er sich von der Betriebsamkeit aller politischen Praxis, insbesondere von den widerwärtigen Auswüchsen, zu denen Menschen im Handeln auch fähig sind. Mit der Gründung seiner Akademie erschließt er uns Menschen einen weiteren Existenzbereich: ein mögliches Dasein in der Theorie als kontemplative Hinwendung zur Philosophie.

Soweit nur kurz zu Platon, den Hannah Arendt heftig kritisiert, weil mit seiner Verachtung des Politischen eine, wie sie schreibt, „Feindseligkeit der Philosophie gegenüber der Politik“ ihren Anfang genommen hat, die uns und unsere Denkgewohnheiten bis heute prägt.

Für Hannah Arendt ist Sokrates der leibhaftige Star. Er zieht sich nicht zurück. Er hält sich nicht heraus. Er mischt sich leidenschaftlich ein. Ja, für diese Lebensweise, die er nicht bereit war aufzugeben, nimmt er sogar den Tod in Kauf. Er lebt seine Bürgerpraxis in allem existenziellen Ernst. Und zu dieser Ernsthaftigkeit gehört es, sich selbst und seine Mitbürger unermüdlich zu befragen.

So bezeichnet Hannah Arendt ihn als piesackende „Stechfliege“ und manchmal auch als „Zitterrochen“. Seine spannungsgeladenen und elektrisierenden Gedankenblitze lassen manch einen Gesprächspartner geradezu erzittern.

Gemeinhin jedoch, und er selbst hat dies so gesehen, wird er mit einer Hebamme verglichen – Sokrates als ein gedanklicher Geburtshelfer. Er belehrt nicht und er bringt auch selbst keine Weisheiten zur Welt, aber er begleitet das Zur-Welt-Kommen. Er befragt sein Gegenüber in der Absicht, das Denken in ihm in Gang zu bringen. Der Dialogpartner soll sein Denken selbst austragen. Er ist es schließlich, der denkt.

Sich stets selbst zu befragen, steht für Sokrates im Zentrum. Denn das heißt *denken*: mit sich selbst ins Gespräch zu kommen. Zu denken bedeutet, einen inneren Dialog zu führen.

So wie in der politischen Welt Bürgerinnen und Bürger sich unterreden, sich beratschlagen und die jeweiligen Argumente austauschen und ausloten, so praktizieren wir dies in unserem Inneren, wenn wir die Gedanken hin und her wenden.

Die *Polis* – und darin liegt der große Schatz ihrer Entdeckung – ist ein Freiraum, eben ein Raum der Freiheit. Sie ist kein Herrschaftsraum wie der *Oikos*, jener haushaltsähnliche Bereich menschlichen Zusammenlebens, in dem es um das Notwendige geht. Im Bereich des Notwendigen muss das Lebensnotwendige organisiert werden. Hier diktiert die pure Notwendigkeit. Hier müssen wir.

Dagegen ist das Tätigsein in der Polis frei. Hier sind wir frei, unser Leben zu interpretieren, Perspektiven zu entwickeln und zu überlegen, wie und auf welche Weise wir unser Zusammenleben gestalten wollen. Da herrscht keine Notwendigkeit. Warum auch?

Für handelnde Menschen ist die Zukunft nicht festgelegt, sie ist offen. Und angesichts dieser Offenheit eben zu handeln und Wirklichkeit, die noch nicht vorhanden ist, im Sprechen und Handeln gemeinsam mit anderen erst hervorzubringen, das ist Politik. Von dorther, von der Gestaltung unseres Zusammenlebens, ist Hannah Arendts viel zitierter Satz zu verstehen: „Der Sinn von Politik ist Freiheit."

Es ist nicht die Freiheit, im Supermarkt vor dem Regal zu stehen und zwischen Gegebenem zu entscheiden. Kaufe ich eine Dose Ravioli oder doch lieber den Erbseneintopf? Oder gehe ich zur Käsetheke und wähle aus dem reichhaltigen Angebot aus. Diese Freiheit, aus Vorgegebenem nur auszuwählen, ist nicht gemeint. Die Freiheit des Handelns ist radikaler. Sie wählt nicht aus einer vorgegebenen Wirklichkeit aus. In unserem Sprechen und Handeln steht mehr auf dem Spiel, wir schaffen Wirklichkeit!

In seinem Buch *Das herausgeforderte Selbst* thematisiert Alexander Gantschow die mit dieser Freiheit einhergehende Verantwortung. Im dortigen Kierkegaard-Kapitel – auch Kierkegaard denkt wie Arendt sehr sokratisch – spricht dieser von einer damit verbundenen Angst. Es könnte uns diese überwältigende Freiheit ja ängstigen, ja es könnte uns schwindelig werden angesichts *dieser* Freiheit.

„Humane Existenz", schreibt Alexander Gantschow, „ist stets im Werden." Und so ist es diese Offenheit unserer Existenz, die Sokrates umtreibt, wenn er dem Delphischen Orakelspruch folgt: *Erkenne Dich selbst!* Damit ist nun keine psychoanalytische Nabelschau gemeint, sondern das *Erkenne Dich selbst* bezieht Sokrates auf unser aller Menschsein. Was ist uns als Menschen zu eigen, und wie gehen wir, wenn wir uns in unserer Freiheitsbegabung ernst nehmen, im Handeln mit unserer Freiheit um?

Diese Frage steht für Sokrates im Zentrum. Sie gilt es, im Gespräch einzukreisen und in kontinuierlicher geistiger Auseinandersetzung im Gespräch zu halten. Denn nur so kann es uns gelingen, in uns eine innere Haltung aufzubauen und uns in eine gute Verfassung zu bringen. Es ist die Frage nach einer wohlgeordneten Verfassung in uns wie auch die Frage nach der Wohlgeordnetheit unseres Zusammenlebens. *Ethik* und *Politik* gehören für ihn untrennbar zusammen.

Politeia heißt Platons Hauptwerk, in dem Sokrates sich auf die Suche begibt. Und wenn wir Deutschen in unserer immer noch obrigkeitlich geprägten Sprache diesen Titel mit *Der Staat* übersetzen, so haben wir die entscheidende Pointe schon verspielt. Es geht um die *Republik*, um die innere Republik in uns wie um die äußere Republik unserer politischen Institutionen. *Republic* heißt *Politeia* im Englischen und *République* im Französischen.

Es ist diese republikorientierte Suche, die Sokrates zutiefst beschäftigt. Was soll in uns regieren, und wer soll uns regieren? Dies zu erörtern und in allem Ernst abzuwägen und gedanklich durchzugehen, ist die Aufgabe für uns als denkende Wesen.

Doch Vorsicht, diese Suche ist nicht die nach einem Masterplan. Sie bringt kein endgültiges, definitives und abschließendes Ergebnis hervor. Sie ist eine geistige Auseinandersetzung, die uns Zeit unseres Lebens beschäftigt. Sie ist als geistige Tätigkeit dauerhaft präsent, und sie findet in Sokrates ihren leibhaftigen Repräsentanten. Wohl deshalb hat er nichts geschrieben. Er möchte sich und sein geradezu lustvolles Fragen im Gang des Denkens wachhalten.

Zu denken und nachzudenken, macht uns zu Menschen, und politisch zu denken, macht uns zu Bürgerinnen und Bürgern, die nicht nur ihr eigenes, sondern auch ihr gemeinsames Leben selbst in die Hand nehmen.

Und das Gegenteil? Ausgehend von dieser anthropologischen Erfahrung, dass wir Menschen nicht nur untereinander in Interaktion sind, sondern dass wir ebenso einen Umgang mit uns selbst pflegen, beleuchtet Hannah Arendt im Eichmann-Prozess, welchen denkenden Umgang Adolf Eichmann mit sich selbst geführt hat. Und Arendts Urteil ist Aufsehen erregend.

Während üblicherweise angenommen wird, das Böse sei durchtrieben, arglistig, heimtückisch und dämonisch und ein böser Mensch sei der Teufel in Person, so macht Hannah Arendt eine andere Feststellung. Adolf Eichmann, der in der Nazidiktatur vom Schreibtisch aus die Deportation und Ermordung von mehreren Millionen Menschen organisierte, war für sie das gerade Gegenteil.

„Die Taten waren ungeheuerlich“, aber der Täter war ganz gewöhnlich, geradezu spießbürgerlich. In bürokratisch dienstbeflissener Manier verwaltete er den Massenmord. Er war weder dämonisch noch der leibhaftige Teufel. Er war ein kleiner unscheinbarer Angestellter, ein bürokratischer Funktionär, ein Antreiber wie Getriebener zugleich.

Antreiber war er als Vorgesetzter, der die Durchführung des industriellen Massenmordes plante und leitete, und Getriebener war er, insofern seine Fähigkeit, selbst zu denken, von der nationalsozialistischen Ideologie außer Kraft gesetzt war. Ein reflektierendes Nachdenken war in den gestanzten Aussagen während des Verhörs in Jerusalem nicht erkennbar, und ein womöglich aufwühlender innerer Dialog war blockiert vom Monolog eingebläuter Phrasen, die Eichmann im Prozess wie ein mechanisch einstudiertes Gedicht vortrug!

Im Angesicht dieses Verwaltungsmassenmörders, der weder zum gründlichen Nachdenken noch zum beiläufigen Überdenken fähig war, spricht Hannah Arendt von der „Banalität des Bösen“. In ihrer Berichterstattung über den Jerusalemer Jahrhundertprozess aus dem Jahr 1961 hat sie selbst zu vielfältigem Nachdenken angeregt, und wir sehen, ihre offensichtliche Bezugnahme auf Sokrates ist denkwürdig.

Das Denken ist eine nie endende, unaufhörliche Tätigkeit. Sie führt zu keinem feststehenden Resultat. Käme das Denken zu einem Ergebnis, so wäre jede weitere Denkaktivität überflüssig. Es wird immer weitergedacht, weil neue Ereignisse immer wieder zum Weiterdenken herausfordern. Denn alles Denken ist ein Nachdenken, ein, wie Arendt formuliert, „der Sache nach – denken". Das Denken zeitigt somit kein endgültiges Ende, es ist gebunden an die Dauer unseres Lebens. Wer demgegenüber etwa sagen würde „Jetzt ist aber ein- für allemal zu Ende gedacht", der würde unterschlagen, dass das Denken uns Menschen bewegt, solange wir leben, zumindest solange, wie unsere Geistesfähigkeit uns diese Tätigkeit erlaubt.

In Platons Schrift *Gorgias* erläutert Sokrates, dass er eher mit allen anderen Menschen in Widerspruch leben könne als mit sich selbst. Denn, so Hannah Arendt in ihrem Aufsatz *Wahrheit und Politik*: „Unrecht zu tun ist für den, der weiß, dass es unrecht ist, ein Widerspruch; und dieser Widerspruch ist unerträglich."

Ein denkender Mensch möchte also mit sich übereinstimmen und mit seinem Tun im Reinen sein. Auf diese Weise mag er gern mit sich zusammenleben. Jedoch welcher Mörder, der über seine Taten ernsthaft nachdenkt, könnte dies von sich behaupten?

Unausweichlich jeden Tag mit sich selbst zusammenleben zu wollen, mit einem Mörder …

In ihrem *Denktagebuch* – welch passender Begriff – sieht Arendt in Sokrates keinen Philosophen. Im Gegensatz zu einem Philosophen, der für seine kontemplative Lebensweise die Ruhe sucht, befindet sich Sokrates stets in Unruhe. Er hat nach eigenem Bekunden noch nicht einmal Muße für die üblichen öffentlichen Angelegenheiten.

Und doch, gerade dieses unermüdliche Befragen und Ausforschen seiner Mitbürger hält die Anwältin des Politischen für originär politisch. Was Sokrates betreibt, ist ein öffentliches Denken, keine zurückgezogene Kontemplation. Es findet auf dem Marktplatz statt, im Zentrum der Polis, und es nervt die Menschen, die dort ihren Geschäften nachgehen, ungemein. So notiert Arendt zu Sokrates: „Es macht die Athener ärgerlich, wie wenn man einen Schlafenden dauernd weckt und wachzuhalten sucht. Was sie wollen, ist, ihr Leben verschlafen."

Sokrates hält keine großen Reden, er wendet sich nicht an die Menge, er sucht vielmehr das Gespräch mit den Einzelnen. Hier in prüfender Rede und Gegenrede ist er in seinem Metier, und dieses Tun ist für ihn ein „Dienst an seiner Heimatstadt". Er versucht, seine Mitbürger zur Vernunft zu bringen. Sie sollen sich selbst Rechenschaft ablegen.

Arendt würdigt Sokrates als originär politischen Menschen, dessen weltorientierte Existenz seinem Leben Sinn verleiht. Seine damit einhergehende Glückserfahrung, die *Eudaimonia* der dialogischen Selbstprüfung, ist gebunden an die Polis, an jenen weltlichen Erscheinungsraum, dessen Entdeckung bis heute unserem Begriff der *Politik* zugrunde liegt.

Im Gegensatz dazu handelt es sich bei der Glückserfahrung eines philosophischen Lebens um eine der Theorie verpflichtete Lebensweise. Das Leben der Theorie, verkörpert im Philosophen, richtet sich auf die weltabgewandte Erforschung des immerwährenden Seins. In diesem so ursprünglichen Sinne stehen sich zwei Lebensweisen konträr gegenüber.

Hier die Einsamkeit und dort die Gemeinsamkeit, hier die Ruhe und dort die Unruhe. Die theoretische Lebensweise und die politische Lebensweise werden in der griechischen Sprache mit *bios theoretikos* und *bios politikos* ebenso gegenübergestellt, wie es das Begriffspaar *vita contemplativa* und *vita activa* in der lateinischen Sprache zum Ausdruck bringt.

Eine weitere Überlegung ist nun bemerkenswert: Die Abkehr von der Welt wird oft als ein „kleines Sterben“ bezeichnet, als ein vorübergehender Austritt aus der Welt. Warum soll, so Hannah Arendt, ausgerechnet der Austritt aus der Welt, der in unserer Sterblichkeit ja die radikalste Form annimmt, für uns Handelnde so bedeutsam sein? Wäre es nicht sinnvoller, dem Eintritt in die gemeinsame Welt, also unserer Geburt, mehr Aufmerksamkeit zu schenken? Und hat Sokrates, der öffentliche Geburtshelfer, nicht genau dieses getan?

Wir sehen, sobald wir uns dem Problem des Handelns zuwenden und uns mit dem Politischen beschäftigen, rückt der Neubeginn, der Anfang, das *initium*, also die Initiative, die wir im Handeln ergreifen, in den Mittelpunkt. Diese Sichtweise nun, das Eintreten in die Welt zu würdigen, führt uns originär zum Politischen. Es ist die Umkehr der Blickrichtung, die Abkehr von der Sterblichkeit und die Hinwendung zur Gebürtlichkeit – Hannah Arendt nennt dies *Natalität* –, die Sokrates in mustergültiger Weise vollzieht. Als Bürger unter Mitbürgern ist er ein wachsamer Blickwender. Er wendet sich unserem Handeln zu.

So ist Sokrates nicht nur ein ausgezeichneter, sondern ein geradezu exemplarischer Bürger. Im Gespräch mit seinen Mitbürgern praktiziert er das vorbehaltlose Denken. Er begibt sich auf die Suche, indem er den Erscheinungsraum aufsucht. Dort, als gleichsam öffentlicher Pädagoge, regt er an, den alltäglichen Blick zu wenden und die Perspektive zu wechseln: weg vom nur eigenen Wohl hin zum gemeinsamen Wohl.

In diesem Tun erfährt Sokrates ganz konkret seine Freiheit. Er lebt Freiheit als eine liebenswerte Lebensweise. Er lebt sein irdisches Sein als Frei*sein*. Er lebt und liebt es, auf diese Weise zu sein, in seiner Welt anwesend zu sein.

Als Bürger des Athener Gemeinwesens ist Sokrates selbst ein Gemeinwesen. Seine Suche, die mehr als das nur private Wohl verfolgt, ist eine originär politische, und mit dieser Suche wird er zum Wortführer unserer bis heute andauernden Beratschlagung über unser Zusammenleben. Das darin sich ausdrückende Freiheitsverständnis, das seinen Sitz im Politischen hat, prägt Hannah Arendts politisches Denken. Für sie ist Freiheit eine Aktivität.

Lassen wir uns also von Arendt und ihren Freunden der gemeinsamen Wissenschaft inspirieren. Nehmen wir ihre Stimmen ernst und begleiten wir ihre fragenden Erörterungen. Wenden wir uns ihrer republikfreundlichen politischen Wissenschaft zu.

Was macht uns als Bürgerin und Bürger aus, und welches Vokabular kann uns in die Lage versetzen, unseren Blick auf unsere Bürgerexistenz zu richten? Welche Selbstinterpretation kräftigt unsere innere Republik, und welches Sprechen und welche Ausdrucksweisen stärken die Institutionen unserer äußeren Republik?

Sokrates ist, wie wir heute sagen würden, als politischer Bildner unterwegs, und in dieser Tätigkeit ist er in der Welt und vor aller Welt wahrnehmbar. Er begegnet uns als ein Öffentlicher. Allerdings beschränkt er sich nicht darauf, seine Gedanken im Gespräch zu entwickeln, sondern in ihm zeigt sich, wie seine Gedanken aus seinem Leben entspringen. Er bringt seine innere Gedankenwelt auf die Bühne der Polis. So lebt er seine politische Wissenschaft – als seine ihn erfüllende Praxis. Und diese politische Wissenschaft ist politische Bildung vom Feinsten. Sie erschöpft sich nicht in irgendeinem Wissenserwerb, sondern seine politische Bildung zielt auf die Bildung eines politischen Menschen. Sie ist politische Bildung als Bürgerbildung.

Heinrich Blücher nun, Hannah Arendts Mann, lehrte in ihrer gemeinsamen New Yorker Zeit am dortigen Bard College. Er war ebenfalls ein Autodidakt, wie Sokrates ohne Hochschulstudium und akademische Urkunden. Auch er praktizierte das „Denken ohne Geländer", wie Hannah Arendt es nannte. Und auch er, der Politische Theorie lehrte, hat nie etwas publiziert. Wir ahnen es, wie man ihn auf dem Campus nannte: den „Sokrates vom Bard College".

Aristoteles
In Freundschaft zum gemeinsamen Gut

Bisweilen wird beargwöhnt, Hannah Arendt sei eine Nostalgikerin und eine Verfechterin der antiken Polis. Auf jeden Fall aber sei sie eine verklärend-romantisierende Neoaristotelikerin. Solche Auffassungen werden kolportiert und sie werden oftmals mit einer Vehemenz vorgetragen, als lebte Hannah Arendt hinter dem Mond: Im 20. Jahrhundert, inmitten unserer hochkomplexen Moderne, könne man so hinterwäldlerisch und altertümlich doch nicht mehr denken und argumentieren.

Aber bitte, lassen wir uns davon nicht beirren, nicht als Leserschaft, nicht als Verlag und erst recht nicht als Autor.

Old Aristotle in die Glasvitrine eines Museums zu stellen, wäre sträflich. Wir brauchen ihn mehr als je zuvor. Er ist unser Meisterdenker, wenn wir uns als Bürgerinnen und Bürger unseres Gemeinwesens sehen und verstehen wollen. Ob uns dies bewusst ist oder auch nicht, wir stehen gedanklich auf seinen Schultern. Unsere politische Sprache atmet seinen Geist, unser Verfassungsdenken geht auf ihn zurück, ja unsere gesamte Tradition europäisch-atlantischen Denkens lebt, weil er gelebt hat. So ist er unter uns und in uns.

„Regieren und regiert zu werden, ist eine gemeinsam zu erbringende Leistung.“ Diese Worte des Aristoteles haben es in sich. Denn wie sehr schimpfen wir oftmals über unsere Regierung, wie sehr sind wir politikverdrossen und wie sehr wünschen wir uns, dass einmal richtig politisch gehandelt wird – so, wie *wir* uns das vorstellen. Immerhin heißt Demokratie Volksherrschaft, und da sollte das Volk auch herrschen.

Und doch, bereits mit dem Begriff der *Demokratie* beginnt unser modernes Kopfschütteln. Warum nur ist die Demokratie für Aristoteles eine Verfallsform? Er gilt als der Verfassungsdenker par excellence, aber in seiner Typologie politischer Ordnungen hat die Demokratie keinen guten Stand. Warum nur ist sie für ihn kein Gut?

Die Antwort ist denkbar einfach. Die Demokratie, wie Aristoteles sie kritisiert, ist die Reinform einer puren Mehrheitsherrschaft. Hier herrscht zwar das Volk, aber das Segensreiche all seiner Macht kann jederzeit ins Negative umschlagen: in den Fluch seiner Allmacht.

Diese Gefahr hat Aristoteles in seiner Zeit vor Augen, wenn eine zügellose und entfesselte Volksmacht herrscht. Sie ist grenzen- und schrankenlos, und es ist der jeweilige Mehrheitswille, der sich zum höchsten Gesetz erhebt. Von keiner Verfassung wird die Allmacht des Volkes eingehegt, und keine Institutionen bieten Schutz vor der kollektiven Willkür dieser größtmöglichen Macht.

Minderheitenschutz, wie wir ihn in modernen westlichen Verfassungen verankert haben, ist der athenischen Demokratie fremd. Hier kann es jederzeit so zugehen wie in einer Ausbeuter-WG, wo vier Bewohner den fünften mehrheitlich unterdrücken. Der fünfte Mitbewohner soll alle Arbeiten in der WG übernehmen. Alle häuslichen Aufgaben werden ihm auferlegt – vom Diktat seiner vier Hausgenossen. Sie sind schließlich die tonangebende und bestimmende Macht. Mit ihrer 80-prozentigen Mehrheit wähnen sie sich legitimiert, denn ihre zahlenmäßige Überlegenheit ist lupenrein demokratisch.

Wir sehen, was Alexis de Tocqueville – wir werden ja noch auf ihn zu sprechen kommen – als „Tyrannei der Mehrheit" bezeichnet, hat Aristoteles schon fest im Blick. Für ihn, unseren Ahnherrn der gemischten Verfassung, ist entscheidend, dass Macht jeweils geteilt und damit begrenzt wird.

Um die Herrschaft tyrannischer Maßlosigkeit auszuschließen, bedarf es einer Grenzen einziehenden Verfassung. Es bedarf einer politischen Ordnung, die das *bonum commune*, das gemeinsame Wohl der Bürgerschaft zum Ziel hat. Auch wenn das postulierte Gemeinwohl jeweils strittig und in der politischen Praxis stets hart umkämpft ist, so ist es doch ein Gut. Es ist nicht das anzustrebende „Gut" eines bloß Einzelnen oder nur Weniger, sondern gerade als schwierig auszutarierendes Gut ist es das politische Gut der gesamten Bürgerschaft.

Mit dem vermeintlichen „Gut" jedenfalls, das Herrschende verfolgen, wenn sie nur und ausschließlich ihren eigenen Nutzen im Auge haben, sollte das *bonum commune* nicht verwechselt oder gar gleichgesetzt werden. Eine gelungene politische Ordnung hat nach Aristoteles immer das auf Eintracht gerichtete Wohl von Regierenden *und* Regierten im Auge. Politische „Ordnungen" hingegen, in denen sich

Herrscher und Beherrschte unversöhnlich und feindselig gegenüberstehen, sind für ihn misslungene Ordnungsformen. Ihnen fehlt das Einende, das Verbindende einer gemeinsamen Lebenswelt. Je mehr sich Herrscher und Beherrschte in ihren jeweiligen Lebenswelten und auch Lebensweisen separieren, desto mehr zerfällt und verfällt die Polis, ja man müsste genau genommen von zwei Poleis sprechen. Ein für unsere Zeiten erschreckend nüchterner Befund.

Regierung ist nicht Herrschaft, und dieser fundamentale Unterschied schlägt sich auch sprachlich in der Tradition unseres politischen Denkens nieder. *Government* als Regierungshandeln leitet sich eindeutig aus dem lateinischen *gubernare* ab und das englische *domination* aus *dominare*. Anvertraute Macht und angemaßte Herrschaft stehen sich gegenüber. Beide Ordnungsprinzipien sind unvereinbar, und es ist Aristoteles, der diese schwerwiegende Entgegensetzung analysiert hat: hier die auf gemeinsames Zusammenleben gerichtete *Politik* und dort die *Unpolitik* herrschaftlicher Selbstdurchsetzung und Unterdrückung. Im *Wandfresko des Palazzo Pubblico*, des Rathauses von Siena, hat Ambrogio Lorenzetti die Auswirkungen guten und schlechten Regierens in einer Allegorie verewigt. In der linken Bildhälfte sehen wir ein prosperierendes Land mit gesunden und glücklichen Menschen, und auf der rechten Seite bestimmen Unglück, Elend und Tod das gesellschaftliche Ensemble.

Eine bürgerfreundliche politische Ordnung hat unsere menschenmögliche Bürgerexistenz zum Ziel, und darauf ist Aristoteles' Denken gerichtet. „Eine Polis ist eine Ordnung der Ämter hinsichtlich der unterschiedlichen Kompetenzen", formuliert er ganz nüchtern und dezidiert. Jedoch die von ihm favorisierte Ämterordnung soll auf eine besondere Art und Weise am Leben erhalten und gestärkt werden.

Im Unterschied zu seinem Lehrmeister Platon hält er nichts von einer festgefügten Expertokratie, an deren Spitze nach einer strengen Bestenauslese Philosophenkönige stehen. Nach Aristoteles sollen weniger ausgewählte Spezialisten das Sagen haben als vielmehr die Bürger selbst. Sie selbst als die Experten für ihr eigenes Leben sollen sich um ihre Polis kümmern und sie selbst sollen auch Verantwortung für ihre gemeinsamen Angelegenheiten übernehmen. Was liegt da näher, als sich selbst fachkundig zu machen und sich in die Praxis des Politischen einzuüben?

Die Ämter und die damit verbundenen Amtsbefugnisse sollen jeweils auf Zeit übertragen werden, so dass möglichst viele Bürger praktische Erfahrungen in ihrer Selbstregierung sammeln können. So wird die politische Verantwortung nicht nur auf viele

Schultern verteilt, sondern die politische Bildung der Bürgerschaft vollzieht sich ganz konkret: als *learning by doing*, allerdings mit der aristotelischen Pointe, *...and thinking about it*.

Auf diese Weise wird die Macht nicht nur auf Viele verteilt, sondern in der konkreten Amtsausübung erfahren die Bürger ihre politische Ordnung eben als ihre. Sie verankert sich in ihnen als innere Republik, und als Teil ihrer selbst schätzen sie ihre Verfassung als schützenswertes Gut. *Leadership* und *citizenship* reichen sich in der politischen Wissenschaft des Aristoteles die Hand.

Darüber hinaus reden amtserfahrene Menschen auch anders über Politik. Sie können als Regierte das Regierungshandeln aufmerksamer begleiten und beurteilen. Ihnen ist die Sichtweise von Regierenden nicht fremd, da sie selbst über praktische Erfahrungen in der Wahrnehmung und Ausgestaltung der öffentlichen Angelegenheiten verfügen. Sie wissen, welche Herausforderungen mit einem politischen Leben verbunden sind. Sie wissen, was es bedeutet, stets Rechenschaft für sein politisches Handeln abzulegen, und sie haben eine Ahnung davon, wie grell die Scheinwerfer sein können, deren Licht das eigene öffentliche Tun bis ins Detail ausleuchtet. Eine leichtfertig herablassende Redeweise über „die Politiker“, wie sie im Alltag oftmals Privatleuten über die

Lippen kommt, ist bei amtserfahrenen Menschen selten anzutreffen.

Mit Aristoteles, der hier nur umrisshaft erörtert werden kann, lässt sich leicht verstehen, wieso regieren nicht herrschen ist. Ein Bundespräsident unserer Bundesrepublik herrscht ebenso wenig wie eine Bundeskanzlerin, und eine Klassensprecherin ebenso wenig wie ein Elternsprecher, der ja auch ein Amt ausübt, und sei es auch ein vermeintlich kleines.

Wo Bürgerinnen und Bürger sich also in einer Art Reihendienst die politischen Ämter in ihrer Ämterordnung anvertrauen und gewaltlos ihre gemeinsamen Angelegenheiten regeln, können wir mit Aristoteles im originären Sinne von *Politik* sprechen. Wo hingegen weder debattiert, öffentlich argumentiert und auch nicht nach den Regeln einer gemeinsamen Verfassung entschieden wird, würde Aristoteles von *Unpolitik* sprechen.

Sein glasklares Diktum richtet sich ganz vehement gegen ein „Zusammenleben“, wo die Knüppel der Geheimpolizei die Straßen beherrschen und wo Willkür, Unterdrückung und brachiale Gewalt die Beherrschten in Angst versetzen und zum Verstummen bringen. „Dort wo Gewalt, schon nicht mehr Politik“, in dieser kurzen Sentenz fasst Aristoteles gleichsam prototypisch zusammen, was den Kern seiner wegweisenden Typologie der politischen Ordnungen ausmacht. Gewaltherrschaft zerstört und verhindert Politik als die Tätigkeit freier Menschen.

Angesichts seiner fundamentalen Unterscheidung zwischen guten und schlechten politischen Ordnungsformen ist es unerheblich, ob nur Einer, wie in der Tyrannis, Wenige, wie in der Oligarchie, oder Mehrheiten, wie in der antiken Demokratie, herrschen. Es herrscht die Willkür des Einen, der Wenigen oder der Vielen, und diese Willkür bricht sich Bahn durch die Sprache der Gewalt. Diese Sprache der Gewalt, die die Gepeinigten sprachlos macht und in Furcht und Schrecken versetzt, sucht nicht ein gemeinsames Wohl. Sie tötet und löscht aus, wie Hannah Arendt in *Elemente und Ursprünge totaler Herrschaft* eindrucksvoll beschrieben hat.

Anders verhält es sich, wenn das bonum commune gesucht wird. Wir alle wissen, dass das Gemeinwohl in concreto strittig ist. Wie heftig werden Debatten geführt und wie unerbittlich wird um die öffentliche Sache gestritten. Die konkrete inhaltliche Ausgestaltung der unzähligen Wünsche, Forderungen, Interessen, Meinungen und Regelungsvorschläge, deren Interpretationen, Missverständnisse und mögliche Ausnahmen mitbedacht und erörtert werden mögen, ist *die* politische Herausforderung. Das Aus- und Verhandeln des jeweils unterschiedlich gedeuteten gemeinsamen Nutzens ist in der empirischen Gemengelage oftmals langwierig und zäh, und all die

Sichtweisen, die dem zur Sprache Gebrachten zugrunde liegen, sind erfahrungsgemäß vieldeutig.

Aber ein grundlegender Konsens, ein Grundkonsens, eint in einer intakten Polis alle Beteiligten. Sowohl Regierende wie auch Regierte leben unter der gleichen gemeinsamen Verfassung. Sie sind rechtlich gebunden an ihre politische Ordnung und bestenfalls auch habituell eingebunden durch Übung und Gewohnheiten. Die Verfassung ist, wie Aristoteles betont, das irdische Heiligtum ihres Zusammenlebens. Sie ist der institutionelle Garant ihres Freiseins. Oder um es in den Worten des Hannah Arendt Freundes Michael Hereth zu formulieren: „Freiheit herrscht nicht."

Vor diesem Hintergrund wird ersichtlich, was Hannah Arendt an Aristoteles so sehr schätzt. Er hat den Weg geebnet, ja den Ausweg gefunden, um beiden Irrwegen, die das Politische verachten, zu entkommen: dem Irrweg despotischer Herrschaft einerseits und dem Irrweg anarchischer Herrschaftslosigkeit andererseits.

In Anlehnung an Aristoteles, der wie kein anderer die Polis als genuine Errungenschaft würdigt, macht uns Hannah Arendt mit ihrer Bürgerwissenschaft vertraut. In einem freiheitlichen Gemeinwesen liegt auch für sie die Alternative zu bloßer Herrschaft und zur Anarchie. Für sie ist eine Republik die mit Abstand anspruchsvollste politische Ordnung. Sie ist nicht irgendein Herrschaftssystem. Selbstbewusste Bürgerinnen und Bürger sehen sich daher niemals nur als die Bewohner irgendeines Staates oder gar eines Standortes.

Eine Republik, in der Bürger sich das Recht gewähren und sich der Pflicht bewusst sind, sich selbst zu regieren – und dies ist selbstverständlich auch in großflächigen und repräsentativ verfassten Ämterordnungen der Fall –, ist diejenige politische Ordnungsform, die uns als vernunft- und weltbegabten Wesen gerecht wird. Als Bollwerk gegen jede Form angemaßter Herrschaft ist sie eine Rechts- und Freiheitsordnung, und als Verfassung, in der sich Bürgerinnen und Bürger wechselseitig Macht anvertrauen, kann eine Republik auch Bürgerordnung genannt werden.

Sich als Freie und politisch Gleiche zu begegnen, als Ebenbürtige, die sich selbst regieren, ist *die* Entdeckung des Politischen. Und auch wenn zur Zeit des Aristoteles nur wenige privilegierte Männer zur Polis Zugang hatten, so ist es dieser institutionell ausgestaltete Raum der Freiheit, dessen Erfindung uns bis heute den Weg weist. Bürger zu sein, war *die* bahnbrechende Entdeckung, und der Stolz auf diese Errungenschaft inspiriert bis heute unser Verständnis von Bürgergleichheit.

Im *Blauen Ring* hat der Florentiner Künstler Maurizio Nannucci diesen Zusammenhang von Freiheit und Gleichheit gestalterisch zum Ausdruck gebracht. In der Rotunde der Parlamentsbibliothek unseres Deutschen Bundestages schließt seine kreisförmige Lichtinstallation die Bücherregale nach oben hin ab. Ein in weiß leuchtender Schriftzug, der neonblau unterlegt ist, verweist uns auf Hannah Arendt: *Freiheit ist denkbar als Möglichkeit des Handelns unter Gleichen/Gleichheit ist denkbar als Möglichkeit des Handelns für die Freiheit*.

Da muss man erst einmal durchatmen. Aristoteles, Hannah Arendt und dann dieses Postulat, das uns Bundesbürger und Bundesbürgerinnen zum politischen Handeln ermuntern mag. In welcher Öffentlichkeit wird dies diskutiert?

Was Aristoteles in seinen acht Büchern der *Politik* freilegt, ist ein Argumentationszusammenhang, der nicht weniger im Sinn hat, als ein bürgerfreundliches, ziviles Zusammenleben zu erörtern und dieses auf seine Grundlagen hin zu untersuchen. So kommt er bereits in den letzten Kapiteln seiner zehn Bücher der *Nikomachischen Ethik* auf den Freundschaftsbegriff zu sprechen, und diese Passagen lassen sich gut als Übergang zur *Politik* lesen.

Freundschaft im aristotelischen Sinne hat das Verhältnis von Bürgern zueinander im Blick. Sie ist auf

Handlungsoffenheit gerichtet und überwindet die exklusive Geschlossenheit familiärer Bande. Freundschaftlicher Umgang im politischen Sinne vollzieht sich in Freiheit und auf Augenhöhe. Man schielt weder nach oben noch schaut man nach unten. Freundschaft ist in Bürgergleichheit gegründet. Und im Gegensatz zum neuzeitlichen Freundschaftsbegriff haftet der antiken Interpretation nichts Privat-Intimes an. Im Gegenteil, das in der Öffentlichkeit stattfindende Gespräch über die gemeinsamen Angelegenheiten bildet den Humus und Nährboden bürgerschaftlicher Verbundenheit.

Auf diesen Zusammenhang bezieht sich Hannah Arendt, wenn sie Aristoteles als weltverbundenen Bürgerfreund in den Blick nimmt. Angesichts unserer Moderne, die aus den Fugen zu geraten droht, zielt ihr ganzer Realitätssinn darauf ab, den so kostbaren *Schatz des Politischen* zu heben und uns Zeitgenossen in Erinnerung zu bringen. Sie wiederbelebt eine im Koma liegende Kategorie politischen Denkens, jene geistige Brücke, um aus der bloßen „Finsternis der Kreatur in die Helle des Menschlichen zu gelangen".

Gleichsam mahnend gibt sie uns in *Über die Revolution* zu bedenken, dass wir nicht nur biologische Wesen sind. Zwar unterliegen wir wie alle Lebewesen den Gesetzen der Natur. Aber zu unserer *zweiten*

Natur gehört es, dass wir originär biographische Wesen sind. In unserem Sprechen und Handeln, in unserer *Vita activa*, bringen wir Geschichten und somit Geschichte hervor. Prägnant auf den Punkt gebracht lesen wir bei Aristoteles: „Das Leben ist nämlich ein Tätigsein."

Wenn Aristoteles also vom Tätigsein spricht, so mögen wir uns doch bitte mit dieser, unserer Besonderheit anfreunden. Und um uns in unser tätiges Leben einzuüben und handlungsfreundliche Sitten und Gewohnheiten zu entwickeln, bedarf es eines weltlichen Erscheinungsraumes. Es bedarf eines öffentlichen Raumes, der uns dies ermöglicht, und wir bedürfen vielerlei öffentlicher Institutionen, die uns zum Handeln bestenfalls einladen.

Das drastische Gegenteil einer bürgerfreundlichen Republik hat Hannah Arendt ja im nationalsozialistischen Totalitarismus erfahren. Im Phänomen der totalen Herrschaft tritt ihr der drohende Weltverlust in seinem erschreckenden Ausmaß vor Augen. Unter dem Eindruck des Holocaust gelangt sie zu der Auffassung, dass „wir in der der totalen Herrschaft zugrundeliegenden Erfahrung auch einige Grundzüge der Krise entdecken können, in der wir heute alle und überall leben." Demnach befinden wir uns, wie sie in einer Vorlesungsnotiz festhält, in „a political crisis in the double sense".

Auf der einen Seite ist diese Krise geprägt von den „political explosions“, die in Form der totalen Herrschaft wie gewaltige Naturereignisse in die Welt hineingebrochen sind, und auf der anderen Seite erweist sich die politische Krise als eine im weitesten Sinne politische, nämlich als eine Krise unseres Zusammenlebens. „What broke down is primarily our public political sphere.“

Auf welch bessere Autorität als Aristoteles könnte sich Hannah Arendt stützen, wenn sie die Weltentfremdung und gar den möglichen Weltverlust in unserer Moderne zu verstehen sucht? Er ist der Kronzeuge, der uns im verbalen Wettstreit um ein menschenwürdiges Leben den Weg aufzeigt.

Mit seinem weltfreundlichen Vokabular hat er die begriffliche Schneise geschlagen, um Arendts *Sorge um die Welt* als originär politische Herausforderung zu verstehen. Er hat den Menschen als ein politisches Wesen charakterisiert, als *zoon politikon*, und er hat – „die Polis ist eine Vielheit“ – uns Menschen in unserer Pluralität ernst genommen.

Diese anthropologische Grundsignatur von uns Menschen als weltverhafteten Wesen nimmt Hannah Arendt in den Blick, wenn sie von *Amor mundi* spricht. Ihr 1958 erschienenes Buch *The Human Condition* sollte im Deutschen zunächst diesen Titel tragen. Doch Klaus Piper, der Begründer des Piper Verlags, riet ihr davon ab, so dass ihr Hauptwerk nun nicht als *Amor mundi*, sondern als *Vita activa oder Vom tätigen Leben* zum Longseller geworden ist.

„Nicht der Mensch, sondern die Menschen bewohnen die Erde", entfaltet sie dort auf den ersten Seiten, und aus dieser Grunderfahrung menschlicher Pluralität leitet Arendt wegweisende politische Konsequenzen ab. Wenn wir Menschen uns nur auf unser organisches Leben konzentrieren, auf unser *vivere*, so unterschlagen wir, was in der lateinischen Sprache als spezifisch menschliches Leben gilt. Dort heißt zu leben *inter homines esse*, sprich unter Menschen anwesend zu sein. Und wenn wir uns aufmerksam Arendts Einsichten zuwenden und ihrer Sprache folgen, so erkennen wir hier im lateinischen *inter* den Dreh- und Angelpunkt ihres politischen Denkens.

Wir Menschen sind keine monadenhaften Einzelgänger. Wir leben weder solitär wie Robinson Crusoe noch in naturgesetzlich festgelegter Herdenform. Wir leben handelnd und sprechend im *In-between*. Angesichts dieser uns eigenen *conditio humana*, dieser *human condition*, ja dieser menschlichen Bedingtheit will Hannah Arendt nur eines: „Ich will verstehen." Sie will verstehen, was mit dieser Herausforderung unseres menschlichen Daseins verbunden ist.

So knüpft sie in Anbetracht unserer existenziellen Pluralität an Aristoteles' Diktum gegen seinen Lehrmeister Platon an. Ihm, dem Gründer der Akademie, hat Aristoteles entgegengehalten, dass das Leben von Freien und rechtlich Gleichen in der *Polis* nicht gleichzusetzen ist mit dem herrschaftlich organisierten Leben im *Oikos*. „Die Polis ist eine Vielheit und nicht, wie Du meinst, lieber Platon, eine Einheit."

Die *Polis* ist nicht etwa ein ins Gigantische gewachsener Haushalt. In ihrer Grundstruktur ist sie vollkommen anders. Sie ist ein Freiraum handelnder Menschen und gerade nicht ein Herrschaftsraum, in dem der Hüter der Güter seinen Arbeitern und Sklaven Befehle erteilt. Diese hierarchisch organisierte Lebenswelt, in der das Notwendige besorgt und das Nützliche hergestellt wird, ist offenkundig ein Herrschaftsgefüge. Sie ist kein Freiraum, in dem argumentiert, debattiert und bestenfalls nach reiflicher Abwägung entschieden wird.

Im Unterschied zur häuslichen Wirtschaftsgemeinschaft des *Oikos* ist der Raum des Politischen nicht nur frei zugänglich, sondern im Scheinwerferlicht der Öffentlichkeit ist er ein lichtdurchfluteter Erscheinungsraum menschlicher Selbsterhellung und Selbstenthüllung. Hier legen *Nobodies* das Joch der bloßen Notwendigkeit ab und hier mutieren sie zu *Somebodies*. In ihrer offensichtlichen Einzigartigkeit treten hier unverkennbare Personen in Erscheinung, wenn ihre unterschiedlichen Sichtweisen und Meinungen aufeinanderprallen. Hier werden gegenläufige Interessen zur Sprache gebracht, und im Wettstreit der Worte wird der Spielraum möglicher Interpretationen ausgereizt.

Demgegenüber – und dies ist für uns Zeitgenossen die vielleicht befremdliche Pointe – weist Aristoteles dem Bereich der Ökonomie, in dem die Aufwands- und Ertragsrechnung dominiert und wo die Mathematik gerade keinen Spielraum zulässt, eine nachrangige Bedeutung zu. Diesen Grundgedanken, dass nicht zwanghaftes und heute in Algorithmen gegossenes Berechnen, sondern erst freies und abwägendes Urteilen uns zu politischen Wesen macht, buchstabiert Hannah Arendt durch.

Das Politische, so Arendt, darf weder eine Magd der Philosophie sein, keine Dienerin der Theologie und auch keine bloße Funktion der Ökonomie. Das Politische hat eine eigene Würde. Wir sind gespannt, wie Niccolò Machiavelli das Politische würdigt.

Machiavelli
Ein Hoch auf den Erscheinungsraum

So kennen wir ihn doch alle: Niccolò Machiavelli als Verfechter politischer Skrupellosigkeit. Als Namensgeber des *Machiavellismus* genießt er einen perfiden Ruf. Ob in journalistischen Leitartikeln oder in universitären Diskursen, als politiktheoretischer Hardliner steht er für ein knallhartes Politikverständnis. Er repräsentiert wie kaum ein anderer den Willen zur Macht. Von ruchlosem Machtstreben über trickreichen Machterhalt bis hin zu brutaler Machterweiterung reicht die Palette seiner Ratschläge. Der durchsetzungsstarke Mensch, der das Mutige des Löwen und die Schläue des Fuchses in sich vereinigt, steht im Zentrum seiner Betrachtungen.

In der Tat, was der Florentiner Gesandtschaftssekretär zu Beginn des 16. Jahrhunderts in seinem *Il Principe* als Herrschaftsregeln empfiehlt und welche Kniffe erfolgreicher Herrschaftskunst er seinen Lesern präsentiert, zieht entweder Empörung oder eiskalte Bewunderung auf sich. Da ist jemand, der in seinen Fürstenspiegeln die Politik radikal von der Moral entkoppelt und der drastisch ausspricht, worauf es im Politischen ankommt: auf erbarmungslose Selbstdurchsetzung, die in der Wahl ihrer Mittel auch vor Grausamkeiten nicht zurückscheut.

Doch halt, entkoppelt der Machttheoretiker die Politik wirklich von aller Moral, oder nur von einer bestimmten Moral? Schmeißt er als durchtriebener Herrschaftsdenker alle moralischen Bedenken über Bord?

Hannah Arendt liest den Renaissancedenker anders. Sie vereinseitigt ihn nicht auf die gängige Interpretation, in der *Der Fürst* als die politische Lichtgestalt abgefeiert wird. Die Republikdenkerin Arendt richtet ihren Blick auf Machiavellis *Discorsi*, auf seine *Gedanken über Politik und Staatsführung*, wie der Untertitel lautet. Für Hannah Arendt ist Machiavelli „der einzige nachklassische Denker, dessen Hauptanliegen es war, das Politische in seine alte Würde wieder einzusetzen". Diese in *Vita activa* zum Ausdruck gebrachte Hochschätzung ist durchgängig in ihren Texten anzutreffen, so auch in *Über die Revolution*. Machiavellis Augenmerk richtet sich demnach auf „das Wiedererstehen jenes rein weltlich-politischen Raumes, um das sein gesamtes Denken kreist".

Wie passt nun beides zusammen? Einerseits ihre Würdigung der griechischen Politikerfindung im Rückbezug auf Aristoteles und andererseits Machiavellis Renaissance des römischen Politikverständnisses. Hier die Polis, wo der Akt der Verfassungsgebung, also die Gründung des politischen Gemeinwesens, selbst nicht zum Politischen gehört, und dort die Wiedergeburt der vorchristlichen Römischen Republik, in der gerade der Gründungsakt im Zentrum des politischen Denkens steht.

„Trotz aller tiefgreifenden Unterschiede zwischen der griechischen Polis und der römischen Res publica gilt doch für beide, dass die Würde der Politik und der Ursprung politischer Körper in der ungeheuren Anstrengung beschlossen lagen, die Vergänglichkeit des sterblichen Lebens und die flüchtige Vergeblichkeit menschlichen Handelns zu überwinden." Was für eine Ansage! Hannah Arendt führt zwei Traditionsstränge unseres europäischen Politikdenkens zusammen, indem sie sie anthropologisch verankert und auf unsere *conditio humana* zurückführt.

Es ist diese Rückbesinnung auf die Vergänglichkeit unseres endlichen Lebens, die auch Machiavelli veranlasst, in seinen *Discorsi* die politischen Institutionen des vorchristlichen Roms zu verehren. Nahezu achthundert Jahre hatten die republikanischen Einrichtungen seit der Gründung Roms Bestand, weswegen beide, Machiavelli wie Arendt, von der damit einhergehenden Stabilität der politischen Ordnung beeindruckt sind. Arendt spricht des Öfteren von der „Heilkraft der Institutionen", und es ist Machiavelli, der in seinen *Discorsi* geradezu paradigmatisch das institutionelle Rückgrat einer zivilen Lebensweise analysiert.

Welche Wirkmacht nun das von ihm wiederbelebte römische Gründungsdenken entfaltet, ist bis heute im amerikanischen Politikverständnis präsent. Es ist die enge inhaltliche Verklammerung von *Constitution and Institutions*, die die amerikanische Republik – trotz aller gerade auch aktuellen Anfeindungen – seit über 200 Jahren am Leben erhält. Im Gründen und Bewahren zeigt sich das Politische in all seinen Charakteristika und politisches Handeln, das dies im Blick hat, als hohe politische Kunst. Eine „irdische Bleibe", wie Arendt es nennt, zu erschaffen, eine dauerhafte institutionelle Heimat, die sterblichen Wesen einen verlässlichen Handlungsraum bietet, ist die politische Heldentat schlechthin.

„Meine Römer dienen mir immer als Vorbild", schreibt Machiavelli, und Hannah Arendt zieht in ihrer Interpretation Cicero als Kronzeugen heran. Der vorchristliche Autor von *De re publica* divinisiert geradezu erfolgreiche Ordnungsstifter. Die außerordentliche, weil neu ordnende Gründungstat sowie ihre unverbrüchliche institutionelle Verankerung in der neu konstituierten Bürgerordnung reichen für ihn an die großen Taten der Götter heran.

Wir Menschen sind sterblich, und unser Aufenthaltsraum in der Welt soll möglichst unsterblich sein. Menschliche Handlungen sind in höchstem Maße vergänglich, weswegen wir institutionelle Bindungen eingehen. In Institutionen stellen wir, soziologisch gesprochen, unser Handeln auf Dauer. *Dauerhafte Bindung* heißt im Lateinischen *Lex,* weswegen Gesetze, Grundgesetze und Verfassungen nach römischem Verständnis Bindungsinstitutionen sind, eben Stabilitätsanker im tosenden Meer menschlicher Handlungen. Ein für uns Zeitgenossen wohl ungewöhnlicher Gesetzesbegriff, aber hier bereits auch ein Vorgeschmack auf Montesquieu und sein großes Werk *Vom Geist der Gesetze*.

Neben diesem auf Gründung abzielenden Grundgedanken, den Machiavelli in seinen drei Büchern der *Discorsi* entfaltet, ist die weltzugewandte Lebensweise des politischen Menschen von besonderer Bedeutung. In Abkehr von der mittelalterlich geprägten Selbstinterpretation eines gottgefälligen Lebens sehen sich die Menschen der Renaissance nicht mehr nur eingebunden in die alles überwölbende *ordo christiana*.

Die Ordnungsvorstellung des christlichen Mittelalters wird abgelöst, das Monopol der katholischen Kirche, die traditionell die gesamte politische Elite ausbildete, wird gebrochen, und politische Autoren der vorchristlichen Antike erfreuen sich zunehmender Beliebtheit. Der Einfluss des Papstes schwindet, und die florierenden Städte Norditaliens entdecken die Möglichkeit bürgerlicher Selbstregierung.

Herausgelöst aus dem Monopol christlicher Sinnstiftung wird das politische Leben als eigenständige Form einer sinnvollen Ausgestaltung menschlicher Existenz neu entdeckt. Bis in die Kunst hinein lässt sich das gewandelte Selbstverständnis beobachten. So dient sie nicht mehr nur zur Darstellung des christlichen Heilsgeschehens, sondern es rücken selbstbewusste und stolze Bürger sowie auch Kaufleute in den Mittelpunkt der Kunstwerke.

Neben dem wirtschaftlichen und gewinnorientierten Leben gewinnt das politische Leben an Ansehen. Freiheit wird als eine weltlich bedeutsame Tätigkeit erfahren. Die Bürger halten es für erstrebenswert, sich in ihre öffentlichen Angelegenheiten einzumischen und die Geschicke der Stadt, in der sie leben, mitzubestimmen. Florenz floriert, aber diese Lebensweise muss auch geschützt werden – unter anderem von Niccolò Machiavelli, der sich nicht nur als Diplomat und enger Regierungsberater, sondern auch als Militärreformer einen Namen gemacht hat.

Vor diesem geschichtlichen Hintergrund, dass sich das wohlhabende Florenz stets vor ausländischen Übergriffen wappnen und gegen militärische Angriffe verteidigen musste, deckt Machiavelli die politischen Implikationen auf, die mit der christlichen Religion verbunden sind: „Wenn ich bedenke, woher es kommen konnte, dass im Altertum die Völker die Freiheit mehr liebten als je, so scheint mir dies aus derselben Ursache herzurühren, welche heute die Menschen weniger kraftvoll macht. Sie liegt nach meiner Meinung in der Verschiedenheit der heutigen und der antiken Erziehung, die wiederum in der Verschiedenheit der heutigen und der antiken Religion begründet liegt."

Machiavelli entdeckt, dass die Tugenden, die uns die christliche Religion ans Herz legt, keineswegs den politischen Tugenden entsprechen, die zur gelungenen Gründung und Erhaltung einer Republik erforderlich sind. „Unsere Religion, die uns die Wahrheit und den rechten Weg des Heils lehrt, lässt uns die Ehren dieser Welt weniger schätzen, während die Heiden diese sehr hoch schätzten, ihr höchstes Gut darin erblickten und deshalb in ihren Taten viel kühner waren." Und weiter formuliert er: „Die Religion der Alten sprach ferner nur Männer von großem weltlichen Ruhm heilig wie Feldherren und Staatsmänner. Unsere Religion hat mehr die demütigen und in Betrachtung versunkenen Menschen verherrlicht als die tatkräftigen."

Von der christlichen Auffassung, dass politische Verantwortung eine Last sei und dass man die Bürde des Politischen nur auf sich nehmen dürfe, weil dies die gottgefällige Nächstenliebe gebietet, hat sich Machiavelli durchgehend distanziert. Er erhebt diejenigen Menschen zu Vorbildern – so Arendt –, die „bereit sind, um des politischen Bereichs willen, zu dem sie gehören, auf ein ewiges Leben zu verzichten oder die Höllenqualen zu riskieren. Für Machiavelli war es weniger die Frage, ob man Gott mehr liebe als die Welt, als ob man fähig sei, die Welt mehr zu lieben als sich selbst." Damit liegen seine Einwände gegen die christliche Religion auf dem Tisch. Sie lehrt und erzieht dazu, sein eigenes Seelenheil – und damit sich selbst – mehr zu lieben als die Welt. Die Welt ist im Unterschied zur vorchristlichen Auffassung nachrangig, sie wird um Gottes willen geliebt, aber nicht um ihrer selbst willen.

Machiavelli denkt hier radikal politisch, wenn er die Sorge um das eigene Seelenheil vom Sockel stößt. Wer sich primär um sein jenseitiges Leben kümmert, vernachlässigt seinen diesseitigen Weltaufenthalt, zumindest jedoch misst er ihm keinen besonderen Stellenwert bei. Der Satz „Gebt dem Kaiser, was des Kaisers ist“ offenbart die ganze Brisanz einer solchen Lebenshaltung. Denn viel Kraft und Energie dürften aus einer solch untertänigen Gebermentalität nicht zu schöpfen sein. Und wenn kein Kaiser mehr da ist, wie will man dann all die Herausforderungen einer republikanischen Selbstregierung meistern?

Eine anspruchsvolle Bürgerordnung zu gründen und intakt zu erhalten, dürfte schwerfallen, wenn sich der Bürgersinn vornehmlich auf die *Civitas Dei*, auf die Gottesbürgerschaft richtet. So ist es nach Machiavelli „eine Folge unserer Erziehung und der so falschen Auslegung unserer Religion, dass es in der Welt nicht mehr so viele Republiken gibt wie in der Antike und daß die Völker infolgedessen nicht mehr von solcher Liebe zur Freiheit beseelt sind wie ehemals.“

Mit Machiavelli ist Arendt der Auffassung, dass die im Christentum angelegte Weltabkehr sich verhängnisvoll auf den Bereich des Politischen ausgewirkt hat. Während in der vorchristlichen Antike der Raum des Politischen auf Unvergänglichkeit ausgerichtet war, um den Sterblichen einen möglichst unsterblichen Handlungsraum bereitzustellen, hat das Christentum mit seinem jenseitigen Heilsversprechen das Verhältnis zwischen Mensch und Welt geradezu umgekehrt. Die *Frohe Botschaft* verkündet nunmehr das ewige Leben des Einzelnen angesichts der Vergänglichkeit der Welt. Die in vorchristlicher Zeit so hochgeschätzte Welt wird demgegenüber degradiert.

Die Folgen für handelnde Wesen sind gravierend. Angesichts dieser Hierarchieumkehrung macht es kaum noch Sinn, sich um höchstes politisches Ansehen zu bemühen und sein *striving for excellency* auf die öffentlichen Angelegenheiten zu richten. Diesseitiger Unsterblichkeit kommt keine große Bedeutung mehr zu, und alles das, was die Welt an Ehre und Auszeichnung zu verleihen vermag, wird sinnlos und wirkt eitel, wenn die Welt vergänglicher ist als man selbst. Das Ansehen bei den Mitmenschen ist zweitrangig. In der Hauptsache kommt es darauf an, vor den Augen des Herrn zu bestehen. Die Liebe zur Welt ist nachgeordnet gegenüber der Liebe zu Gott. Denn allein die Liebe zu Gott verspricht den Sterblichen, der eigenen Vergänglichkeit zu trotzen und ihr womöglich ein Schnippchen zu schlagen. *Amor Dei* verweist *Amor Mundi* auf den zweiten Platz.

Der Liebesbegriff bei Augustin lautet der Titel der im Jahr 1929 veröffentlichten Doktorarbeit, in der Hannah Arendt die drei Amores – Amor Dei, Amor Mundi und Amor Sui – untersucht hat: die Hingezogenheit zu Gott, zur Welt oder zu sich selbst. Daran anknüpfend spitzt sie in *Vita activa* zu: „Die einzige Tätigkeit, die Jesus nachweislich in Wort und Tat gelehrt hat, ist tätige Güte, und diese Tätigkeit hat sichtlich die Tendenz, sich vor den Augen und Ohren der Menschen verborgen zu halten."

Die christliche Lehre proklamiert damit ein Tun, das Gutes bewirken will, allerdings mit der Besonderheit, möglichst nicht in der Welt in Erscheinung zu treten. Sobald nämlich ein Wohltäter in gutem Licht erscheint, verliert die gottgefällige Güte den Charakter ihres unbedingten Gutseins. Es entsteht der Verdacht, die gutherzige Person könne in erster Linie auf weltlichen Lohn, Anerkennung, Ehre oder Ruhm erpicht sein. Dann würde die erstrebte Heiligkeit als Scheinheiligkeit in Verruf geraten. Christliche Güte verwirklicht sich daher am besten im Verborgenen. „Lass die linke Hand nicht wissen, was die rechte tut", lautet der kirchliche Imperativ. Ein Christenmensch soll nicht mit seinen guten Taten angeben und prahlen. Er soll sich in die jenseitige Gottesstadt einbürgern und nicht in die diesseitige Bürgerstadt.

Demgegenüber denken sowohl Machiavelli als auch Arendt außerordentlich politisch. Ihnen geht es um eine menschliche Stadt und nicht um eine göttliche. Sie wissen, dass mit einer Tugend, die nur versteckt wirken, aber möglichst nicht in Erscheinung treten soll, kein Staat zu machen ist, zumindest keine an Freiheit orientierte Republik. Denn eine Republik lebt von ihrer Sichtbarkeit, und da ist es von größter Bedeutung, dass die republikerhaltenden Standards erkennbar im Handeln der Bürgerinnen und Bürger verankert sind.

Im besten Fall laden die im Rampenlicht der Öffentlichkeit stehenden Menschen mit ihren republikfreundlichen Sprechweisen und Handlungen zur Nachahmung ein. Ja, je bedeutsamer politische Repräsentanten sind, desto offensichtlicher sollten sie die vorzugswürdige Qualität der gemeinsamen politischen Ordnung in die Präsenz und damit zur weltlichen Anwesenheit bringen. Als alltagsnahe Vorbilder können sie die Standards der eigenen politischen Ordnung ins Bewusstsein heben, und das republikanische Motto müsste lauten: Tue Vorbildliches und erscheine darin!

In einer in der *Library of Congress* aufbewahrten Nachlassschrift las ich folgende Formulierung von Hannah Arendt: „In politics: we must appear, see and be seen, hear and be heard“, und übersetzt heißt es weiter: „Was wir zeigen, sind wir, nicht umgekehrt.“

Was wir sind, ist privat, ja im Letzten gar unbekannt. Unser gesamtes persönliches Sein ist keiner Öffentlichkeit zugänglich, nur unser In-der-Welt-Sein. Allein das ist in der Welt, was vor den Augen und den Ohren von anderen erscheint. Es bedarf der Zuhörer und der Zuschauer, um als Person wahrgenommen zu werden. Für Weltwesen bedarf es der Zugehörigkeit zur Welt. Politisch folgen daraus die Fragen: In welcher Welt wollen wir eigentlich leben, und wie wollen wir sprechend und handelnd unseren gemeinsamen Weltaufenthalt gestalten?

Machiavellis Erörterungen zeigen uns sowohl einen ethisch wie auch politisch gangbaren Weg auf. Zwar bezieht er sich nicht auf die christliche Ethik als Hinwendung auf die jenseitige Gottesbürgerschaft, aber sein dezidiertes Plädoyer für eine selbstbewusst gelebte Erdenbürgerschaft ist in höchstem Maße ethisch. Das geläufige Urteil, Machiavelli sei durch und durch unmoralisch, entpuppt sich in dieser Perspektive als grandioses Vorurteil. Seine Moral richtet sich nicht auf ein gottgefälliges, sondern auf ein republikgefälliges Leben, nicht auf die Freiheit eines Christenmenschen, sondern auf die freie Lebensweise von Bürgern.

Mit seiner Wiederbelebung und Rehabilitierung der vorchristlichen Gedankenwelt ist Machiavelli alles andere als amoralisch. Vielmehr steht er Aristoteles mit dessen innerweltlichen Ethik sehr nahe. Beide Autoren sind Verfechter einer freien Lebensweise, die zu leben sehr anspruchsvoll ist. Nur dass Aristoteles mit seinem Plädoyer für Mäßigung, Besonnenheit und der Suche nach einer ausgleichend gelingenden Mitte für manch einen als Softie gilt, der den Counterpart zum knallharten Realisten Machiavelli abgibt, passt besser ins schablonenhafte Bild. Doch dies ist zu einfach gedacht.

Mit Hannah Arendt im Gepäck ist es verstehbar, dass beide Autoren, die die Realität, in der sie leben, sehr genau beobachten, uns Menschen als politische Wesen im Blick haben. Mit ihrer politischen Wissenschaft beabsichtigen sie, uns für ein ziviles Zusammenleben fit zu machen, sich keinen leichtfertigen Illusionen hinzugeben und unseren Realitätssinn zu stärken und zu kräftigen. Nichtssagende Phrasen, die womöglich noch wolkig formuliert sind, sind in ihren Texten nicht zu finden. Aus ihnen spricht erfahrungsgesättigter Ernst. So sind sie ebenso wie Sokrates politische Bildner. Sie bilden zum Politischen, indem sie das Politische erhellen, es klar und einsichtig machen.

Bei Aristoteles ist es die *phronesis*, jene auf das Wohlergehen des Einzelnen wie der Gemeinschaft gerichtete Klugheit, und bei Machiavelli ist es die *prudentia*, die als situationserfahrene politische Klugheit im Zentrum einer praxisorientierten politischen Bildung steht. Hannah Arendt hat dafür ihren Begriff der Urteilskraft geprägt, insbesondere den der erweiterten Urteilskraft. Die Erweiterung und man könnte auch sagen die Vertiefung unseres Urteilsvermögens vollzieht sich durch eine aufmerksame Hinwendung und gedankliche Zuwendung zu den Ereignissen und Geschehnissen in unserer Welt – eine gelebte Umsicht, die unseren Sinn fürs Gemeinsame, sprich unseren Gemeinsinn stärkt.

So ist die Urteilskraft *die* politische Grundtugend. Sie richtet sich auf das Konkrete, das Situative, das stets Neue, was uns herausfordert. Und je komplizierter sich die menschlichen Angelegenheiten gestalten, umso mehr ist unser Urteilsvermögen gefordert. Von erweiterter Urteilskraft spricht daher Hannah Arendt, wenn neue Ereignisse nicht etwa in vorgestanzte Urteilsschubladen geradezu gepresst werden, sondern wenn die Urteilshinsichten um neue Handlungen und Ereignisse sowie die damit verbundenen Wirklichkeitserfahrungen erweitert werden. So hat Hannah Arendts akademischer Freund Ernst Vollrath seine *Rekonstruktion der politischen Urteilskraft* denn auch Hannah Arendt gewidmet.

Das so schwer zu durchschauende und unsere Urteilskraft stets auf die Probe stellende Wechselspiel von handelnden Personen in der Welt zeigt sich Machiavelli als schier unentwirrbares Geflecht zwischen *virtù* und *fortuna*. Dabei versteht er unter *virtù* die Fähigkeit, sich handlungsmächtig in die Welt der Handelnden einzumischen und dort wirkungsvoll mitzumischen.

Wer es vermag, sich die Welt für das eigene Handeln zu öffnen oder sich auch weitere Handlungsmöglichkeiten zu erschließen, bringt all seine *virtù* ins Spiel. Er verfügt über jene energiegeladene Tüchtigkeit, die in der Lage ist, der *fortuna* entschlossen die Stirn zu bieten. *Fortuna* ist für Machiavelli der Inbegriff der Unverfügbarkeit, ja der Begriff für alles Schicksalhafte, was wir nicht in der Hand haben und was uns und unser Handeln Tag für Tag herausfordert.

Sicherlich könnten wir uns der *fortuna* ergeben, nur unser Schicksal beklagen und uns in purem Erleiden verlieren, doch das ist vollkommen unpolitisch. Dies wäre eine Absage an uns als handelnde Wesen, eine Kapitulation gegenüber den nicht vorhersehbaren Wechselfällen des Lebens.

Machiavelli fordert stattdessen Tatkraft ein. Als politische Menschen sind wir kein bloßer Spielball. Wir selbst sind die Akteure, modern gesprochen die *player*. Doch um sich dessen bewusst zu werden und einzusehen, dass wir selbst es sind, die der Welt den Stempel aufdrücken, müssen wir uns allererst als Handelnde wahrnehmen. Nur dann können wir eine Lebenskönnerschaft entwickeln, die uns bei der aufregenden Achterbahn des Lebens womöglich erfolgreich zur Seite steht.

Von daher rühmt Machiavelli den *uomo virtuoso*, jenen virtuosen Menschen, der im *Il Principe* etwa als Heerführer seine Führungskunst unter Beweis stellt. Doch Machiavellis *vivere politico* bezieht sich nicht nur auf Fürsten und deren Fürstenhäuser. Sein Verständnis von *uomo virtuoso* ist tiefgreifender. In seinen *Discorsi* geht es um einen Menschentypus, der als kluger, weitsichtiger, besonnener und tatkräftiger Bürger Zivilcourage an den Tag legt, um einen *homo politicus,* der zivilen Bürgersinn verkörpert.

Zum Handeln in der Welt, wo Menschen mit allen Fehlern, Macken und auch Schwächen in Erscheinung treten, bedarf es nach Machiavelli wie auch nach Arendt des Mutes. Für politische Menschen, die sich im Handeln öffnen, sich im Sprechen zu erkennen geben und sich in der ganzen Verletzbarkeit ihrer Person angreifbar machen, ist Mut *die* politische Kardinaltugend, jene unerschrockene Handlungsbereitschaft ohne doppelten Boden.

In ihrer Biographie zu *Rahel Varnhagen – Lebensgeschichte einer deutschen Jüdin aus der Romantik* scheinen auch Arendts autobiographische Einlassungen durch. So ist sie ungemein beeindruckt von Rahels Bereitschaft, „sich dem Leben so zu exponieren, dass es sie treffen konnte wie Wetter ohne Schirm“. Ganz gegenwärtig zu sein, lebten und liebten sowohl Rahel Varnhagen als auch Hannah Arendt, und diese Haltung entsprach der Virtuosität und Lebenskönnerschaft ihrer beiden Lebensweisen.

Um frei zu leben, bedarf es des Mutes, im Persönlichen wie im Politischen, in der *res privata* wie in der *res publica*. Mit dieser Einsicht steht uns *Machia*, so nannten ihn seine Freunde, ratgebend und ermutigend zur Seite: „Um einer Republik die Freiheit zu erhalten, bedarf es jeden Tag neuer Maßnahmen.“

Montesquieu
Die Macht unseres Handelns

Als *Vater der Gewaltenteilung* kennen wir ihn alle. Montesquieu, der als politischer Autor im 18. Jahrhundert vehement den französischen Absolutismus kritisierte, ist in allen universitären Curricula und schulischen Lehrplänen präsent. Ihm haben wir es zu verdanken, dass uns die Dreiteilung der staatlichen Gewalten flüssig von den Lippen geht. Wie im Schlaf können wir *Legislative, Exekutive* und *Judikative* herunterbeten: Die gesetzgebende Gewalt der Legislative ist getrennt von der ausführenden Gewalt der Exekutive, und beide wiederum sind getrennt von der richterlichen Gewalt der Judikative. Soweit, so gut. Diese Einteilung, die ich hier nur in kondensierter Form wiedergebe, ist uns aus den hiesigen Sozialkundebüchern vertraut.

Jenseits dieser gängigen und überhaupt nicht gering zu schätzenden Charakterisierung eines gewaltenteiligen Verfassungsstaates hat Charles Louis de Secondat, Baron de la Brède et de Montesquieu allerdings mehr zu bieten. Er ist ein weitaus originellerer Denker und gerade im Feld des Politischen ein Wegkundiger par excellence.

Mit Hannah Arendt im Gepäck lässt sich seine Route leicht erschließen. Für sie ist Montesquieu „der letzte politische Theoretiker, der die Frage nach den Staatsformen ernst genommen hat". Allerdings weist seine Staatsformenlehre eine Besonderheit auf: Sie ist kein technisches Artefakt eines modellverliebten Intellektuellen. Montesquieu nimmt weder an einem Ideenwettbewerb teil noch neigt er dazu, seine politischen Ordnungsformen pedantisch zu etikettieren und in ein staatstheoretisches Apothekerschränkchen einzusortieren. Seine Herangehensweise ist eine andere.

Phänomenologisch sensibel untersucht er die sozialdominanten Bewusstseinslagen, ja er ist, wie der Montesquieu-Experte Michael Hereth schreibt, „auf der Suche nach dem Grund, der die Gesellschaften zusammenhält und den er verstehen will".

Als an den Phänomenen interessierter Beobachter untersucht Montesquieu die Sitten und Gewohnheiten der verschiedenen Völker, um darüber den Sinngehalt ihrer jeweiligen politischen Ordnung zu verstehen. So veröffentlicht er 1748 sein Hauptwerk *Vom Geist der Gesetze*, in dem er herausarbeitet, welches gesellschaftliche Fundament Menschen zusammenhält und wie dieses ihrer jeweiligen politischen Ordnung zugrunde liegt.

Montesquieu geht vom alltäglichen und eingeübten Handeln aus, von den *mœurs*, den charakteristischen Sitten und Gewohnheiten der Menschen, und er bringt diese in Verbindung mit der Grundgestalt ihrer jeweiligen politischen Ordnung. Sein Grundgedanke ist, dass die handlungsleitenden Mentalitäten und Lebenshaltungen der Menschen zur entsprechenden Ordnung passen müssen. Denn ist dies nicht der Fall, so wäre sogar die beste Verfassungskonstruktion auf Sand gebaut. Damit eine politische Ordnung stabil und von Dauer sein kann, muss sie in den Lebensgewohnheiten der Menschen verwurzelt sein. Sie muss im Alltag gelebt werden.

Le principe du gouvernement, so nennt er den spezifischen Handlungstypus der Bevölkerung, muss mit *la nature du gouvernement*, also der jeweiligen Verfassung übereinstimmen. Nur so ist diese von Dauer.

Die Institutionen müssen von den verbreiteten Denk- und Handlungsweisen getragen werden. Sie müssen inspiriert und beseelt werden von einem *esprit général*, der sie als *Geist der Gesetze* geradezu begeistigt. Der esprit général muss der politischen Ordnung das Leben einhauchen, damit sie stark und lebendig bleibt. Ist er dazu nicht in der Lage, so steht das Insgesamt der politischen Einrichtungen auf wackligen Füßen. Das institutionelle Gefüge ist dann zerbrechlich und dem Untergang geweiht. Von daher muss das *Prinzip der Regierung*, die sozialdominante Handlungsweise der Menschen, mit der *Natur der Regierung*, ihrer spezifischen Staatsform, übereinstimmen.

Wichtig ist in diesem Zusammenhang, dass wir den Begriff *Regierung* nicht in unserem engen, sondern in einem weiteren Sinne verstehen. Gemeint ist *gouvernement* als das Insgesamt einer Regierungsweise oder des Regierens, sprich als Regierungspraxis einer ganzen Gesellschaft. Und ebenso wichtig ist es, dass wir den Begriff *Prinzip* nicht missverstehen. Mit *Prinzip* ist nicht irgendein abstrakter, axiomatischer Grundsatz gemeint, dem man sich womöglich unterwirft. Dies ist typisch deutsch gedacht. Unter *le principe* versteht Montesquieu vielmehr den Ursprung unseres gewöhnlichen Handelns, sozusagen die vertraute Handlungsbereitschaft, die uns als eingeübte

Mentalität innerlich durchformt und routiniert-gewohnheitsmäßig durch den Alltag trägt.

Diese Trennung zwischen dem *Prinzip der Regierung* und der *Natur der Regierung* ist sehr wichtig. „Ich werde gar viele Konsequenzen daraus ziehen“, schreibt Montesquieu, und an einer anderen Stelle im *Esprit des Lois* betont er, dass ihm nun, nach dieser Entdeckung, all sein Schreiben flüssig von der Hand geht.

Das Handeln, und dies greift Hannah Arendt auf, steht für den politischen Autor Montesquieu im Vordergrund, das Handeln und genauer: das *Handeln-Können*. Und dies ist nun bedeutsam, vom Können ist die Rede und nicht vom Wollen. Nicht die Innerlichkeit des Willens, wie wir bei Rousseau sehen werden, spielt die entscheidende Rolle, sondern es ist das mögliche Handeln, das als ein weltbezogenes Können im Zentrum steht.

Pouvoir heißt im Deutschen sowohl *können* als auch *Macht*, und damit sind wir in der Herzkammer des Montesquieu`schen Denkens angelangt. Es ist nicht der Wille, nicht *vouloir*, um den sich à la Rousseau das politische Denken dreht. Montesquieu befasst sich mit dem Phänomen der Macht. Er analysiert *den* politischen Handlungsbegriff: *pouvoir* in der Verbform als *etwas können* oder *vermögen* und *pouvoir* als Substantiv, nämlich als *Macht*. Beide Bedeutungen vereinen sich in fast wundersamer Weise in diesem einen Begriff, und Hannah Arendts Politikverständnis, das strikt zwischen Macht und Gewalt unterscheidet, atmet diesen Geist.

In ihrem Aufsatz *Freiheit und Politik* schreibt sie: „Montesquieus Entdeckung betrifft das Wesen der Macht überhaupt, und diese Entdeckung steht in so offenbarem Widerspruch zu allen uns sonst geläufigen Machtbegriffen, dass sie heute nahezu vergessen ist, obwohl doch die Gründung der amerikanischen Republik entscheidend von ihr inspiriert ist."

Mit Hannah Arendt im Gepäck können wir hier die Traditionslinie römischen Politikdenkens weiterziehen. Machiavelli feiert die gelungene Gründung einer Republik, Montesquieu erläutert, wie eine klug etablierte Machtverteilung auch eine großflächige Freiheitsordnung erhalten kann, und Arendt macht darauf aufmerksam, dass die amerikanischen Verfassungsinterpreten und Autoren der *Federalist Papers* an zwei Stellen *the celebrated Montesquieu* rühmen. Hannah Arendt, die als Jüdin 1933 von Nazi-Deutschland ausgebürgert wurde – *ausgebürgert,* was für ein Wort – und die nach 18 Jahren erlittener Staatenlosigkeit 1951 endlich wieder Bürgerin wurde, Bürgerin der Vereinigten Staaten von Amerika, beeindruckt diese Kontinuität im europäisch-atlantischen Republikverständnis ungemein.

Für Montesquieu, der sich wie Machiavelli als ausgewiesener Kenner der römischen Geschichte einen Namen gemacht hat, haben Gesetze einen besonderen Charakter. Sie sind nicht, wie wir sie heute oft verstehen, Verordnungen, Verfügungen, Erlasse, Dekrete oder gar Verbote, sondern ganz im Sinne der römischen Tradition sieht er Gesetze in ihrem bezugsstiftenden Charakter. Im lateinischen *lex* und im französischen *loi* identifiziert der Bezugsdenker Montesquieu *les rapports*, also die Bezüge, die unterschiedliche Dinge miteinander verbinden.

So verbinden religiöse Gesetze die Menschen mit Gott, Naturgesetze verbinden die in der Natur vorfindbaren Lebewesen miteinander, und die politischen Gesetze verbinden die Menschen untereinander. Bei aller Unterschiedenheit von religiösen Gesetzen, Naturgesetzen und politischen Gesetzen, Montesquieu versucht sie in ihren jeweiligen *rapports* aufzudecken. Ihn interessieren die charakteristischen Bezüge, ja vor allem die Bezugsgeflechte, in denen wir Menschen leben. In welcher Beziehung stehen Menschen zu Gott, zur übrigen Natur oder auch untereinander?

Dabei ist für ihn klar, dass wir als Menschen in einer Zwischenstellung leben. Weder sind wir allwissend und vollkommen wie Gott noch sind wir unwissend wie all die Lebewesen, die von ihren Instinkten geleitet werden. Wir Menschen sind frei. Unsere Besonderheit liegt darin, selbstständig handeln zu können. Im Französischen nennt er diese Fähigkeit *agir par soi-même*, und dies bedeutet nichts Anderes, als dass der Ursprung unseres Handelns in uns selbst liegt.

Von uns aus können wir ein *initium* setzen, einen Neuanfang machen. In unserem Handeln ergreifen wir Initiativen und mit unserem Handeln bringen wir Neues, Unerwartetes und eben Unberechenbares in die Welt. Im Prinzip des Handelns drücken sich der Ursprung, die Urheberschaft und das konkret Anfängliche unseres Handelns aus.

Wenn *loi* im Sinne der römischen *lex* aufgefasst wird, so steht eindeutig die Beziehung zwischen politisch verbundenen Bürgern im Vordergrund der Betrachtung. Ein naturwissenschaftlicher Gesetzesbegriff hingegen, der kausalitätsfixiert auf Ursache und Wirkung ausgerichtet ist, ist da ebenso fehl am Platze wie das religiöse Gesetzesverständnis, das die *religio*, die Rückbindung an Gott, zum Inhalt hat.

„Die römische *lex*, durchaus im Unterschied und selbst Gegensatz zu dem, was die Griechen unter *nomos* verstanden, bedeutet eigentlich *dauerhafte Bindung* und dann sehr bald Vertrag sowohl im Staats- wie im Privatrecht." Und weiter schreibt Arendt: „Also ist ein Gesetz etwas, was Menschen miteinander verbindet."

Während das griechische Gesetzesverständnis gleichsam vorpolitischer Natur ist, da die Gesetze der Polis überhaupt erst den Rahmen des Handelns abstecken und eine strikte Grenze ziehen zwischen den Bürgern, die zur Polis gehören, und den Nichtbürgern, die außerhalb der Stadt- und Gesetzesmauern leben, gehört es zum originär römischen Politikverständnis, dass das In-Beziehung-Treten, das Bezug- und Ordnungsstiften selbst schon politischer Natur ist.

Indem zwei ehemals feindselige Parteien sich vertragen oder zwei sich befehdende Völker miteinander ein Bündnis eingehen, handeln sie nach römischem Verständnis bereits politisch. Die andere Partei anzuerkennen, mit ihr eine gemeinsam vereinbarte Beziehung einzugehen und in der Folge auf Gewalt, Unterdrückung oder gar Vernichtung zu verzichten, gehört wesentlich zum Politischen. Von daher werden die Römer der Antike auch als die Entdecker der Außenpolitik bezeichnet. Die Griechen der Antike dagegen, deren Politik sich innerhalb der Polis und ihrer Verfassung abspielte, sind originär die Innenpolitiker. Für sie spielt das Verfassungsgründen keine Rolle. Die Hochschätzung der Gründungstat und das In-Beziehung-Treten mit Auswärtigen ist römischer Provenienz, und das Politik-Betreiben innerhalb der eigenen politischen Ordnung ist originär griechisch gedacht.

Wer sich seine Handlungswelt erweitert und wer friedliche Beziehungen selbst zu ehemaligen Feinden unterhält, ja wer diese, selbst wenn er sie erobert hat, sogar zu Bundesgenossen macht, ist offenbar an einer gemeinsamen Zukunft interessiert. Er beackert gleichsam die Wüste der Bezugslosigkeit und bindet die früheren Gegner ein. Es ist ein Einbinden in Form des Anbindens, des Anbindens an den nun gemeinsamen Gründungsursprung – an Rom.

In Bezügen zueinander zu stehen, bedeutet nach dem römischen Gesetzesverständnis jedoch keineswegs, dass Harmonie einzieht und sich alle Interessengegensätze in einträchtiges Wohlgefallen auflösen. Im Gegenteil, die Entdeckung, die der Römischen Republik zu Grunde liegt, war eine andere. Es war, ist und bleibt die Entdeckung einer gemeinsamen *res publica*.

Machiavelli rühmt diese gemeinsame öffentliche Sache, wenn er die institutionell etablierte Bindung zwischen Patriziern und Plebejern beschreibt, und Montesquieu beschreibt diese gemeinsame politische Angelegenheit als aufgeteilte Macht zwischen unterschiedlichen Machtzentren. Dabei handelt es sich um das institutionelle Bezugsgewebe zwischen Monarch, Adel und Bürgertum, das Frankreich über Jahrhunderte geprägt hat.

Doch dieses Handlungsgeflecht, das Macht hervorgebracht und zugleich die einzelnen Akteure in ihrer Handlungsmacht begrenzt hat, ist vom Absolutismus Ludwigs des XIV. zerstört worden. Die Relationen, die die Macht generiert und zugleich relativiert haben, sind dem Absolutismus zum Opfer gefallen.

Gegen diesen das Politische absorbierenden Zentralismus schreibt Montesquieu an, und er kritisiert den selbstverherrlichenden Herrschaftsstil des absolutistischen Monarchen, der Frankreich Zug um Zug zu seinem Privateigentum gemacht hat.

Wer sich wie Ludwig der XIV. als Sonnenkönig sieht und in seinem Reich keine vermittelnden Institutionen neben sich duldet, indem er die *pouvoirs intermédiaires* ausschaltet, huldigt nicht nur dem Absolutismus, sondern er ist auf dem Weg zum Despotismus. Der Herrscher gebärdet sich absolut, was wörtlich heißt *losgelöst*. Völlig losgelöst dürstet er nach unbeschränkter Souveränität. Er will herrschen und nicht regieren.

„Que le pouvoir arrête le pouvoir", dieser viel zitierte Satz führt zum Kern des Montesquieu'schen Denkens. Doch dass in einem ausgeklügelten Institutionengefüge die eine Macht die andere Macht bremse, hatte für das Bourbonenoberhaupt keine Bedeutung mehr. Er verkörpert Machtkonzentration und keine Machtverteilung, wie Montesquieu sie favorisiert. Ihm ist jedes Institutionengeflecht, das nicht von ihm zentralistisch gelenkt und kontrolliert werden kann, verhasst. Mit *Checks and Balances*, wie die amerikanischen Verfassungsväter *the celebrated Montesquieu* adaptiert und weitergedacht haben, kann ein absolutistischer Herrschaftsanspruch nichts anfangen – und ein despotischer erst recht nichts.

Eine Despotie ist dadurch gekennzeichnet, dass ein Herrscher mit seiner Herrschaftsclique in gesetzloser Weise über Menschen herrscht. Inwieweit die Beherrschten Gegenwehr leisten oder sich folgsam der Herrschaft unterstellen, sei dahingestellt. Es existiert kein festgelegter Handlungsrahmen, an den sich der Herrscher gebunden und dem er sich verpflichtet fühlt. Der Despot akzeptiert und duldet keinerlei Beschränkung, es herrscht Willkür, die vom

Herrscher ihren Ausgang nimmt und die durch keine vermittelnden Instanzen eine Mäßigung erfährt.

In Montesquieus Unterscheidung zwischen der Natur einer politischen Ordnung und den Handlungsweisen, die eine Ordnung mit Leben erfüllen, ist es zunächst die Gesetzlosigkeit, die die Natur der Despotie charakterisiert. Fragen wir nun jedoch nach dem Prinzip dieser politischen Ordnung, so ändern wir mit Montesquieu unsere Blickrichtung. Wir wenden uns den Handlungsbezügen zu, die zwischen Menschen bestehen. In welcher Art und Weise sind Menschen untereinander verbunden und wie schließen sie sich zusammen, damit sie ihre politische Ordnung aufrecht- und am Leben erhalten?

Montesquieus Augenmerk richtet sich somit auf das Phänomen der Machtbildung, also auf die Art und Weise, wie sich Menschen zum Handeln zusammenschließen und darüber machtvoll erst werden – oder aber auch ohnmächtig bleiben wie unter der Herrschaftsknute einer Despotie.

Dazu schreibt Arendt: „Für Montesquieu war das hervorragende Merkmal der Tyrannis das Prinzip der Isolierung, auf dem sie beruht, die Isolierung des Herrschers von seinen Untertanen und die Isolierung der Untertanen gegeneinander, die durch eine Art systematischer und organisierter Verbreitung gegenseitiger Furcht und allseitigen Misstrauens zustande kommt.“ In einer Despotie bestimmt Furcht den Alltag. Die Unterdrücker fürchten die Unterdrückten, die Unterdrückten fürchten die Unterdrücker, und die Unterdrückten fürchten sich voreinander. Jeder Nachbar kann ein Spitzel sein, jeder Vertraute könnte sich das Vertrauen nur erschleichen wollen. Das Beziehungsgeflecht ist zerrissen. Das öffentliche Leben gleicht der Trostlosigkeit einer Wüste.

Das handlungsleitende Prinzip ist die allseits verbreitete Furcht, ja selbst die Unterdrücker fürchten sich voreinander. Eine Palastrevolte ist jederzeit möglich. Als allumfassende, die gesamte Gesellschaft dominierende Handlungstypik hat die Furcht von *allen* Besitz ergriffen – von den Herrschern wie von den Beherrschten. Damit trägt die Despotie den Keim ihres Untergangs in sich. Sie überlebt von der ihr eigenen Isolierung der Menschen und sie erzeugt Ohnmacht mit der gleichen Selbstverständlichkeit, wie andere Staatsformen Macht erzeugen. Denn während alle anderen politischen Ordnungen durch Macht zusammengehalten werden, lebt die Despotie von der Ohnmacht – von der Ohnmacht der Unterdrückten und von der Ohnmacht der Unterdrücker, die in ihrer Machtlosigkeit zur Gewalt greifen.

Die Natur und das Prinzip der Regierung entsprechen einander. Die Struktur der gesetzlosen Herrschaft wird aufrechterhalten durch die allgegenwärtige Furcht, die die Menschen in ihrer Vereinzelung gefangen hält. Sie trauen sich nicht, sich mit anderen zu verbinden, um so machtvoll der Herrschaft entgegenzutreten. Sie verharren in ihrer Ohnmacht und fügen sich in die Unterdrückung.

Die ersten zehn Bücher seines *Esprit des Lois* hat Montesquieu vor seiner Englandreise geschrieben, alle folgenden danach. So ergibt es sich, dass er direkt im 11. Buch auf die politische Ordnung Englands zu sprechen kommt: „In der Welt gibt es auch eine Nation, die sich die politische Freiheit als direktes Ziel ihrer Verfassung gesteckt hat. Wir wollen die Prinzipien untersuchen, auf die sie diese gründet. Wenn sie gut sind, werden sie ein Spiegel der Freiheit sein."

Es folgt Montesquieus Beschreibung einer an Freiheit orientierten Verfassung. In bewusster Entgegensetzung zum absolutistischen Frankreich des 18. Jahrhunderts charakterisiert er das politische Leben Englands als das gelungene Zusammenwirken von mehreren machtvollen Gruppen. Dabei handelt es sich um das Machtgefüge, welches zwischen der exekutiven und der legislativen Macht, also zwischen der englischen Krone und den beiden Parlamentskammern mit ihren aristokratischen und ihren bürgerlichen Vertretern angesiedelt ist.

Im Laufe der Zeit ist die politische Ordnung Englands mehr und mehr durch konstitutionelle Elemente eingehegt worden. Die Petition of Rights, die Glorious Revolution, die Habeas Corpus Akte und die Bill of Rights legen von dieser Konstitutionalisierung Zeugnis ab. Dagegen zeichnet sich in Montesquieus Heimat eine gegenläufige Entwicklung ab. Die Monarchie entmachtet Zug um Zug den einst mitbestimmenden Adel, und das althergebrachte Machtgefüge, das eine entsouveränisierende Wirkung hat, bricht auseinander. Mit dem Sonnenkönig herrscht ein gottähnlicher Souverän.

Das Streben nach politischer Gleichheit entpuppt sich in Frankreich als die gleiche Abhängigkeit von der absolutistischen Zentrale. Raymond Aron nennt dies „Gleichheit in der Ohnmacht“, während in England politische Gleichheit sich als Gleichheit an der politischen Teilhabe zu etablieren beginnt. Der Begriff *Konstitution* hat für Montesquieu keinen negativen Beigeschmack. Denn politische Freiheit wird nicht eingeschränkt, sondern sie wird allererst ermöglicht. Erst in einem konstituierten Beziehungsgefüge kann sich politische Freiheit entfalten und als

Tätigkeit freier Menschen öffentlich sichtbar zutage treten.

Insofern ist Hannah Arendt zuzustimmen: „Für Montesquieu wie für die vorchristliche Antike und für die Gründer der amerikanischen Republik waren die Wörter *Macht* und *Freiheit* fast synonym." Macht bezeichnet ein Können, ein Vermögen, ein Handeln-Können in der Welt. Und was ist politische Freiheit anderes als das handelnde Gestalten der eigenen Lebenswelt?

Mit dem *Prinzip des Handelns* hat Montesquieu gleichsam die Klammer entdeckt, die Herrscher und Beherrschte verbindet. Das je nach Regierungsform unterschiedliche, aber gleichwohl sie charakterisierende Prinzip des Handelns ist sowohl im Handeln der Regierenden als auch im Handeln der Regierten tonangebend. Solchermaßen im gesamten öffentlichen Leben verankert, ist es weniger die so oft betonte Differenz zwischen Regierenden und Regierten, aus der sich Einsichten über verschiedene politische Ordnungen gewinnen lassen, als vielmehr die allgemein verbreitete Handlungstypik, die das gesamte politische Leben durchformt.

„His forms of government do not know the distinction between the rulers and the ruled", formuliert Hannah Arendt in einer Nachlassschrift, und sie ist beeindruckt von der so unscheinbar wirkenden Radikalität, mit der Montesquieu die gesamte Tradition unseres europäischen Herrschaftsdenkens unterläuft.

Die Frage *Wer herrscht über wen?* unterteilt immer in Herrscher und Beherrschte. Dagegen nimmt Montesquieu nicht das Trennende, sondern das Gemeinsame in den Blick, das, was eine Ordnung zusammenhält. Er wendet sich von der herrschaftsfixierten Perspektive ab und richtet seinen Blick auf das, was Menschen verbindet. Und diese Sichtweise ist ja gerade für jede Republik von ausschlaggebender Bedeutung. Denn er rückt das Fundament der gemeinsamen Verfassung in den Mittelpunkt. Er bringt das zur Sprache, was als gemeinsames Gut der eigenen politischen Ordnung zugundeliegt.

Wir sehen deutlich, obwohl der adelige Montesquieu im vorrevolutionären Frankreich des 18. Jahrhunderts der Monarchie anhängt, ist sein politisches Denken gerade für Republiken unverzichtbar. Was verbindet Regierende und Regierte, Repräsentanten und Repräsentierte? Es ist die gemeinsame Verfassung und die in ihr sich abbildende Ämterordnung. Es ist eine, angelsächsisch ausgedrückt, *political constitution*, die alle bindet. Fernab jeder Tradition, die nur die Traditionalisten bindet, und fernab jeder Religion, die allein die religiösen Menschen bindet, muss eine Verfassung für alle Menschen Gültigkeit besitzen. Sie muss für alle verbindlich sein, die in der gemeinsamen politischen Ordnung leben.

Dieses zu verstehen, und den Bürgersinn auf das Fundament eines zivilen Zusammenlebens zu richten, muss in Republiken den Kern des *esprit général* ausmachen, und auf dieses Fundament muss die gesamte politische Bildung ausgerichtet sein. Wie sonst kann sich eine solch anspruchsvolle Ordnung der Selbstregierung in der Welt halten? Wie sonst können die nachwachsenden Generationen sich in ihre politische Ordnung einleben, wenn ihnen nicht der Sinngehalt ihrer, ja ihrer, politischen Ordnung vermittelt wird? Wenn wir dies von Montesquieu lernen, dass in Republiken Macht erst hervorgebracht werden muss – es gibt ja keine Obrigkeit –, dann ist er mehr als nur der Vater der Gewaltenteilungslehre. Er ist ein Republikdenker, der erst noch zu verstehen und zu würdigen ist. Hannah Arendt hat dies getan.

In Republiken bedarf es ganz explizit der Erziehung zur Verfassung. Sei es – pädagogisch gesehen –, dass die Heranwachsenden mit dem Vokabular und der geistigen Substanz ihrer politischen Ordnung vertraut gemacht werden, oder sei es, dass sie ganz handlungsorientiert in das institutionelle Leben ihrer

Republik eingewöhnt werden, nur durch ihre gedankliche oder auch handelnde Teilnahme wird ihnen die Republik der Erwachsenen zur Heimat.

Despotien hingegen fürchten politische Bildung wie der Teufel das Weihwasser. Despotien wollen die Menschen kleinhalten und in Sprachlosigkeit einmauern. Sie wollen die Heranwachsenden gerade nicht zu selbstbewussten, besonnenen, mutigen und urteilsstarken Bürgerinnen und Bürgern erziehen.

Pouvoir ist für Montesquieu eben Macht und keine Gewalt. Gewalt nennt er *violence*, so wie Briten und Amerikaner von *violence* sprechen. Für sie ist Macht *power*, und eine Republik muss powerful sein und möglichst nicht gewalttätig. Gewalt – so Hannah Arendt wie auch Michael Hereth in seiner sensiblen Montesquieu-Interpretation – darf nicht im Zentrum von Republiken stehen, sehr wohl aber Macht, die allein all ihre Institutionen aufrechterhält.

In diesem Sinne durchschreitet der *Pouvoir*-Denker Montesquieu in Siebenmeilenstiefeln seinen Weg zum Politischen: über die Macht unserer Gewohnheiten hin zur Macht unseres Handelns.

Rousseau
Freiheit, die ich meine

Der Mensch ist frei geboren, doch überall liegt er in Ketten. Welch ein Fanal! Mit diesem Fanfarenstoß beginnt Jean-Jacques Rousseau seinen *Contrat Social*, sein berühmtes Werk *Über den Gesellschaftsvertrag*. Und mit diesem Eingangssatz hat er die Französische Revolution befeuert. Gleichermaßen legendär sind die ersten Zeilen seines *Emile*, jenes Erziehungsromans, der als Prototyp einer Laissez-faire-Pädagogik entweder gefeiert oder aber verflucht wird. Er beginnt ebenso mit einem Paukenschlag: *Alles ist gut, wenn es aus den Händen des Schöpfers hervorgeht, alles entartet unter den Händen der Menschen.*

Jean-Jacques, so nennen ihn seine Freunde, ist ein Unikum. Er, der Vater von fünf Kindern, die er als Säuglinge ins Findelhaus gegeben hat, schreibt einen Erziehungsroman, und er, der der Welt das Vokabular einer Revolution geschenkt hat, fokussiert sich auf die Innerlichkeit seines Seelenlebens. Wer mag daraus schlau werden?

Es ist dieser Jean-Jacques, dessen Denken Hannah Arendt sichtlich bewegt, aber es ist auch Rousseau, den sie ganz entschieden ihrem Denkgefährten Montesquieu gegenüberstellt. Montesquieu contre Rousseau, der Kampf der Giganten im 18. Jahrhundert: die Lehre der Machtverteilung gegen die Lehre der Machtkonzentration.

Montesquieu inspiriert die Amerikanische Revolution, und Rousseau ist der Theorieheld der Französischen Revolution. Montesquieu thematisiert *pouvoir* als Handlungsmacht in der Welt, und Rousseau befasst sich mit *vouloir* als dem revolutionären Willen, der die Welt zum Tanzen bringt. Hier das kluge Arrangement machtvoller Institutionen und dort die Urgewalt der revolutionären Veränderung. Zwei Denkwelten prallen aufeinander: der Plural des *We the people* gegen den Singular des Volkes, die Stimmenvielfalt der Bürgerinnen und Bürger gegen die eine Stimme des Volkes.

Als politischer Denker der *Volkssouveränität* hat Rousseau für Furore gesorgt. Denn mit diesem Begriff hat er jeder *Herrschersouveränität* den Kampf angesagt. Mit der Losung *Volkssouveränität statt Herrschersouveränität* konnte die Französische Revolution entfesselt werden. Alle Fesseln, die der Versailler Hof seinen ausgebeuteten Landsleuten angelegt hatte, konnten unter diesem Banner zerrissen, zerschlagen und rigoros abgeschüttelt werden.

Das Volk soll herrschen – wer sonst? Das absolutistische *l'état, c'est moi* soll verstummen, und das populäre *Wir sind das Volk* soll durch die Pariser Straßen hallen. Der absolute Monarch, der es sich lange genug auf dem Versailler Thron bequem gemacht hat, soll vom Sockel gestoßen werden, und das Volk selbst will den Thron besteigen. Mitsamt seiner Entourage von dekadenten und korrupten Volksverrätern soll die gesamte Herrscherclique samt Herrschersouveränität abgeschafft werden. Der Platz gebührt der einzig wahren Souveränität, der Souveränität des Volkes.

Was mag man gegen dieses Befreiungsvokabular ins Feld führen? Nichts. Und doch genau hier setzt Hannah Arendts Nachdenken an. Für sie ist Rousseau ein fulminanter Befreiungstheoretiker, aber kein politischer Freiheitsdenker in ihrem Sinne. Mit der Wucht seiner Worte kann er Menschen bewegen, sich von angemaßter Herrschaft zu befreien, doch mit seiner Befreiungsrhetorik lässt sich keine stabile Freiheitsordnung etablieren.

Rousseaus politisches Denken ist für Arendt zu sehr in der Innerlichkeit des Willens verankert. Zwar kann ein Wille, wenn er sein Reich der Vorstellbarkeit verlässt, womöglich Berge versetzen und Herrscherdenkmäler zum Einsturz bringen. Aber wie will er, wenn er als allgemeiner Wille, als *volonté générale* ein ganzes Volk zusammenschweißt, im Feld des Politischen agieren?

Die Polis, so sahen wir es bereits bei Aristoteles, ist kein homogenes Willenskollektiv. Sie ist eine durch und durch heterogene Vielheit. Sie ist die Erfahrungsstätte einer vielstimmigen Öffentlichkeit und geradezu das Gegenteil einer zum Kollektiv verschmolzenen Einheit. Vor dieser kontrastreichen Folie betont Hannah Arendt die anthropologische Besonderheit unserer Pluralität, wenn sie diese als *Grundbedingtheit unserer Existenz* analysiert. Allein angesichts dieser weltlichen Grunderfahrung sind wir vielen, vielen Handelnden Tag für Tag gefordert, unser Zusammenleben zu organisieren, zu regeln und eben politisch zu gestalten.

In Hannah Arendts Perspektive wird von Rousseau die gesamte menschliche Pluralität, die ja gerade *die*

Herausforderung allen politischen Handelns darstellt, verabschiedet. Wo nur die eine Stimme des Volkes herrscht, gerät die Stimmenvielfalt einer lebendigen Bürgerschaft unter die Räder. So wünschens- und erstrebenswert es ist, wenn anstelle einer verhassten Fremdherrschaft das Volk auf dem Thron sitzt, so steht doch eine entscheidende Frage im Raum: Wie können sich auf einem Thron, der sich von Flensburg-Nord bis Garmisch-Partenkirchen-Süd und von Saarbrücken-West bist Cottbus-Ost erstreckt, die inthronisierten Bürgerinnen und Bürger einer Republik selbst regieren?

Darauf, auf dieses Grundproblem des Politischen, gibt Rousseau keine Antwort. Als fulminanter Wortführer steht er mit seiner Befreiungsrhetorik allen Unterdrückten dieser Welt zur Seite, aber als Ratgeber für alle praktischen Probleme der Politik fällt er aus! Auf seinem Weg zum Politischen bleibt er aus Arendts Sicht in den Startlöchern stecken.

Hannah Arendt, deren politisches Denken sich auf die *constitutio libertatis*, auf die Gründung und wetterfeste Etablierung einer Republik richtet, folgt eindeutig Machiavelli, Montesquieu und, wir werden es sehen, Alexis de Tocqueville. In ihnen sieht sie politische Autoren, die aus dem Politischen für das Politische schreiben. Sie waren im Unterschied zum

Schriftsteller Jean-Jacques Rousseau allesamt politikerfahrene Zeitgenossen, die aus der Fülle ihrer Einsichten argumentieren und die als politische Autoren markante Signaturen des Politischen freigelegt haben.

Rousseau hingegen will sich und seine Landsleute befreien – von angemaßter Herrschaft, vom höfischen Leben, von gesellschaftlichen Zwängen überhaupt. In seinem Streben nach *Autonomie* will er jeder *Heteronomie* die Stirn bieten. Selbstgesetzgebung ist daher sein Thema, nicht Fremdbestimmung.

Rousseau sieht sein Befreiungsstreben ganz neuzeitlich als Streben nach Unabhängigkeit. Gesellschaftliche Konventionen, die einengen und die uns davon abhalten, eine unverstellte, authentische Existenz zu führen, müssen abgeschafft werden. Sie entfremden uns nur von unserem ursprünglichen Gutsein. Verdorben werden wir Menschen durch das, was wir Zivilisation nennen, was aber in Wahrheit ein reines Blendwerk ist. Indem wir uns nur noch durch die Augen der anderen sehen und ihnen zu gefallen suchen, geraten wir uns selbst aus dem Blick. Wir passen uns an, werden durch vielerlei Sozialisationsinstanzen sozialisiert und solchermaßen gesellschaftsfunktional zugerichtet verlernen wir, auf uns selbst zu achten. Wir vergessen sogar, dass wir uns unsere Ketten selbst angelegt haben.

Ursprünglich waren wir Menschen frei, doch im Laufe der Geschichte haben wir uns von uns selbst entfremdet. Der vergesellschaftete Mensch ist *hors de lui,* außer sich. Von daher ist Rousseaus Diktum *Retoure à la nature* leicht zu verstehen. Sein Ruf *Zurück zur Natur* ist eindeutig ein zivilisationskritischer Weckruf.

In dieser gesellschaftskritischen Blickrichtung können wir Rousseau auch mit Gewinn lesen. Da nimmt ein radikaler Befreiungsheld in ihm Gestalt an. „Befreie Dich von allem, was Dich fesselt, und gewinn die Kontrolle über dein eigenes Leben zurück", ist die Kernforderung, die er aus dem Innersten seines Herzens formuliert.

Aufs Politische übertragen, wo sich in der Französischen Revolution ein ganzes Volk anschickt, die Kontrolle über sein eigenes Leben zu erlangen, entsteht nun das Problem. Was ist überhaupt ein zurückgeholtes Leben? Wie soll es angesichts der Buntscheckigkeit von Meinungen, Interessen und Lebensentwürfen konkret gestaltet und von einem Tag auf den anderen neu gelebt werden? In welchen noch zu erfindenden Institutionen soll sich das neue, umgekrempelte Leben abspielen? Die alte Ordnung ist beseitigt, aber welche neue Ordnung gibt den künftigen Handlungsrahmen vor? Die Fragen aller Fragen in aufwühlenden Zeiten.

„*Le peuple* ist das Schlüsselwort zu jedem Verständnis der Französischen Revolution“, formuliert Hannah Arendt, und damit knüpft sie unmittelbar an die Argumentationslinie seiner geistigen Wegbereitung an. Sie entschlüsselt die Struktur seines Denkens, indem sie den theoretischen Ausgangspunkt identifiziert: das von Rousseau propagierte Mitleiden. Inwiefern?

„Vor dem Elend und der Not der überwiegenden Mehrzahl aller Menschen die Augen zu verschließen, war im Paris des 18. Jahrhunderts oder im London des 19. Jahrhunderts – wo Marx und Engels die Lehren der Französischen Revolution neu überdenken sollten – ebenso unmöglich wie heute noch in einer Anzahl der europäischen, den meisten südamerikanischen und nahezu allen asiatischen und afrikanischen Ländern.“ Was Hannah Arendt 1963 in *Über die Revolution* ins Zentrum rückt, ist die Blaupause für alle modernen Befreiungsbewegungen.

„Der Schrei nach Brot“, wie sie es erschreckend pointiert ausdrückt, ist das Movens der Französischen Revolution. Die hungernden Massen von Menschen, die auf ihre pure Kreatürlichkeit zurückgeworfen und in dieser gefangen sind, wollen sich befreien. Sie sehen den grotesk glitzernden Reichtum im höfischen Leben von Versailles und sie revoltieren gegen diesen unerträglichen Luxus.

Doch wer führt die Revolte an, wer gibt diesen Dürstenden eine, seine Stimme? Hier nun betreten die Wortführer die Bühne, die von der exklusiven Palastgesellschaft, im wahrsten Sinne des Wortes, ausgeschlossen waren. Sie wollen Beteiligung, Mitsprache, ja einen festen Ort im Erscheinungsraum der Politik. Auch sie wollen ihrer Ohnmacht entfliehen. Zwar leiden sie nicht unter Armut und gnadenloser Ausbeutung, aber sie sind maßlos angewidert von der Selbstgefälligkeit und Vetternwirtschaft der feinen Gesellschaft. Der Hass auf das alte System, in dem nicht das Recht, sondern die Vorrechte herrschen, vereint die Unterdrückten beider Welten. Die von Armut Geknechteten und die angesichts ihrer Ohnmacht Frustrierten verbünden sich zur kollektiven Befreiung – die wortgewaltigen Taktgeber und *Die Verdammten dieser Erde*, wie Arendt Frantz Fanon zitiert.

Es geht also nicht wie in der Amerikanischen Revolution um die Entmachtung der englischen Krone und um die anschließende Gründung einer Republik. Nicht politische Fragen wie eine kluge institutionelle Machtverteilung oder eine bürgerfreundliche Ämterordnung in einem föderativ aufgebauten Gemeinwesen stehen im Frankreich des 18. Jahrhunderts zur Diskussion, sondern die physische Wucht des Volkes, als Einheit von Volksführern wie von Volksgeführten, bricht sich unmittelbar und gewaltsam auf den Straßen Bahn. Der Zorn und die Wut auf das verhasste System schweißen die Leidtragenden zusammen, und die Volksführer ermächtigen sich zu ihrer Stimme, zur Stimme des Volkes. Im Begriff *le peuple* fühlen sich die Unsichtbaren der Welt vereint.

Mit diesem Wort, das gleichermaßen das Unglück des politischen wie des materiellen Ausgeschlossenseins in sich trägt, war die unteilbare Einheit des Befreiungskollektivs geboren. Das Volk und die Unglücklichen werden nahezu synonym gebraucht, wenn seither von *le peuple toujours malheureux*, vom immer unglücklichen Volk, die Rede ist. Das gemeinsame Leid, ja der angeborene Widerwille, einen anderen Menschen leiden zu sehen, wird zur verbindenden Klammer, die die Revolte gegen die absolutistische Zentrale zusammenhält. Und wer auch immer an die Macht gelangen will, muss sich von nun an als Mitleidender des Volkes ausgeben. Dieses unmittelbare und, weil es angeboren ist, egalitäre Gefühl des Mitleids gilt seit Rousseau als authentische politische Tugend, weswegen jede populistische Rhetorik bis heute vom Volkswohl spricht und nicht vom Wohlergehen einer intakten Republik.

Gedanklich vorbereitet hat dies das Vokabular von Jean-Jacques. Seine Willenstheorie, in der der Wille des Einzelnen übertragen wird auf den Willen der

Allgemeinheit, etabliert sich als eingängige Denkfigur. Der Wille im Inneren des Einzelkörpers mutiert gedanklich zum Willen eines Volkskörpers. Mit Rousseaus Begriff der *volonté générale* wird ein Weg zum Politischen beschritten, der attraktiv, anziehend und bis heute verführerisch ist.

Die Befreiung vom Leid vereint die ökonomisch Ausgebeuteten mit den politisch Ausgeschlossenen. Ihr gemeinsamer Wille, der ihre Ohnmacht und aufgestaute Wut beenden will, richtet sich gegen die angemaßte Herrschaft der Unterdrücker. Der Weg der willentlichen Befreiung vom Leid wird geebnet vom Allgemeinwillen – der das ganze Volk umfasst. Wer kann gegen diese einzige, ja wirklich legitime Macht sein? Doch wohl nur Volksverräter.

Wir sehen, warum Rousseau gegen jede Form der Repräsentation ist. So schreibt er in seinem *Gesellschaftsvertrag*: „Von dem Augenblick an, wo ein Volk sich Vertreter gibt, ist es nicht mehr frei; es ist nicht mehr." Mit dieser Fundamentalkritik und Ablehnung jedweder politischen Repräsentation ist er der Held aller direktdemokratischen Phantasien, quasi der geistige Volksvertreter. Aber wie will ein einziger, unteilbarer Volkswille all unser Zusammenleben gestalten? Jeder, der sich allein in seiner unmittelbaren Nachbarschaft umsieht, sieht doch kein Volk und erst recht kein „wahres Volk".

Was und wen wir sehen, sind die vielen, vielen
Mitbürgerinnen und Mitbürger, die mit all ih[illegible] un-
absehbaren Willensbekundungen gigantisc[illegible]
terschiedliches wollen. Welcher einheit[illegible]
wille darf sich anheischig machen, di[illegible]
unseres Menschseins in einen Volks[illegible]
sen, und wer darf für sich reklamie[illegible]
allmächtiges Sprachrohr zu sein?

An dieser Stelle wird das Rou[illegible]
tal, ja womöglich totalitär! [illegible]
Volk ist alles ist der Weg s[illegible]
litischen jedenfalls lehn[illegible]
den ersten Blick faszi[illegible]
Er kommt eher eine[illegible]
er gar ein Zickzac[illegible]
der Lebensweg [illegible]

Eine Perspe[illegible]
ständnis v[illegible]
dann, wenn[illegible]
wird. Auf dem Fe[illegible]
nis von Nationalstaate[illegible]
nerstaatliche Einheit imm[illegible]
wenn ein äußerer Feind droht. „[illegible]
wahrheit beruht im Grunde die ganze n[illegible]
litik, wie wir sie aus dem neunzehnten und zw[illegible]
ten Jahrhundert kennen", schreibt Arendt beina[illegible]
lapidar. Da, so würde Arendt sicherlich Machiavelli

Gesellschaftsstrukturen, und auch die Erfindungen des Eigentums und erst recht der Arbeitsteilung, die nach Rousseau vor allem Karl Marx zum Sündenfall der Menschengattung erklärt hat, waren noch in weiter geschichtlicher Ferne.

Rousseaus Menschheitsgeschichte ist eine Verfallsgeschichte, in der die Wissenschaft und die Künste, wie er in einer preisgekrönten Schrift argumentiert, eben nicht zur Verbesserung des Lebens beigetragen haben. Entgegen der zeitgenössischen Aufklärungsliteratur ist er kein Fortschrittsdenker. Er siedelt sein Menschheitsideal in jener noch nicht verdorbenen Vorzeit an, als die Erde noch allen Menschen gehörte und es noch kein Eigentum gab. Damals, so spekuliert Rousseau, sei alles gut gewesen; aber mit der Separierung der Menschen in ihre privatistische Eigentumswelt verwandelt sich die natürliche Selbstliebe in die Eigenliebe, und der ursprünglich gute Mensch wird in der Vergleichswelt der Eigenliebe zum konkurrenzbesessenen Egoisten.

Um sich und die Seinen zu sichern – man mag dies bitte als heftige Kritik an Thomas Hobbes verstehen – ist dieser Entfremdungsmensch, dem ursprünglich Herrschaft fremd war, überhaupt erst auf Herrschaft aus. Der Hobbes'sche Mensch, der von *fear and desire* getrieben ist, ist für Rousseau das von sich selbst entfremdete Gesellschaftsprodukt, das nicht die wahre Natur des Menschen widerspiegelt. So stellt sich in Rousseaus Augen der uns allen bekannte Naturzustand von Thomas Hobbes, den dieser als *Krieg eines jeden gegen jeden* beschreibt, als geschichtlich hervorgebrachtes Verfallsphänomen dar. Und was geschichtlich entstanden und so gesehen schiefgelaufen ist, kann auch geschichtlich überwunden werden. In dieser Perspektive, der Aufhebung menschlicher Selbstentfremdung, denkt Karl Marx Rousseau weiter.

Um diese Verfallsgeschichte zu beenden, muss also die Herrschaft von Menschen über Menschen abgeschafft werden. Freiheit bedeutet nach Rousseau Herrschaftslosigkeit, und den einzigen Gehorsam, den ein freier Mensch erbringen muss, ist der „Gehorsam gegenüber dem *selbst* gegebenen Gesetz“. Das freie Selbst soll nur sich selbst beherrschen – das individuelle wie das kollektive Selbst.

In dieser Selbstbeherrschungsidentität ist kein Raum mehr für das Politische. Jede Differenz ist aufgehoben, allem voran die zwischen Regierenden und Regierten. Der erforderliche und in der Amtskonstellation bestehende Zwischenraum zwischen Repräsentierten und Repräsentanten, aus denen sich in großflächigen Republiken das politische Leben speist, wird für überflüssig und gar schädlich erklärt. Eine ausgeklügelte Ämterordnung, die in einer intakten Republik machtverteilend die Vielzahl von Amtskompetenzen und Amtsverantwortungen koordiniert, schwebt Rousseau nicht vor. Wir sehen, das Fragen an Rousseau wiederholt sich. Wie soll eine politische Ordnung aussehen, in der das Zusammenleben geregelt und sinnvoll gestaltet werden kann?

In seiner Schrift *Philosophische Bildung und politische Urteilskraft* wendet der Kieler Philosoph und Philosophiedidaktiker René Torkler Hannah Arendts Denken ins Didaktische. Indem er vom „lebendigen Raum der Didaktik" spricht, nimmt er in seiner Vermittlungswissenschaft das gemeinsame *Wir* des Verstehens in den Blick. Und in der Tat, Hannah Arendts *Ich will verstehen* lebt davon, ihre Gesprächspartner aus vergangenen Epochen wiederzubeleben und sie im Verstehensprozess zu lebendigen Zeitgenossen zu machen. Indem wir sie in unsere Gesprächswelt einladen, tragen sie zur Klärung unseres eigenen Weltaufenthaltes bei. Sie vermitteln uns, auch als pädagogische Wegbegleiter, ihre Sicht der Dinge.

Die hier thematisierte Weltzuwendung steht allerdings im krassen Gegensatz zu Rousseaus Erziehungsvision. In seinem *Emile* soll sein Naturbursche fernab jeder Zivilisation zu sich selbst kommen. Doch *Zivilisation* stammt von *civis* ab, vom Bürger. Wie soll Rousseaus weltunerfahrener Zögling nur seine solitäre Existenz erhellen?

Karl Jaspers, Hannah Arendts Doktorvater, haben wir den Begriff der *Existenzerhellung* zu verdanken. Er führt uns in die Tiefe unseres Selbstseins. Und doch, zur politischen Existenzerhellung bedarf es einer Erweiterung. Denn nun geht es um die Erhellung unserer *Bürgerexistenz.* Auf diesen elementaren Zusammenhang weist mich stets Alexander Gantschow hin, wenn wir in unseren gemeinsamen Gesprächen die politischen wie pädagogischen Wege *Von der Vormundschaft zur Bürgerschaft* erörtern. Sein Wortspiel würde auch Jean-Jacques gefallen.

Wir sehen, zur Klärung und Erhellung unserer Bürgerexistenz benötigen wir einen weltlichen Entfaltungsraum, in dem wir Erwachsenen erscheinen und in dem unsere Heranwachsenden sich entwickeln können. Erst in ihm sind wir sichtbar als sprechende und handelnde Wesen. Er ist als *In-between* ein öffentlicher Raum in einer von Weltwesen bewohnten Welt, und um diesen Aufenthaltsraum unseres Lebens kreist Hannah Arendts gesamtes politisches Denken. Welche Qualität hat dieser, so Alexander Gantschow, *Bewährungsraum unserer Existenz*?

Mit Alexis de Tocqueville können wir einen weiteren Sachverständigen zu Rate ziehen. Er hat auf seinem Erkundungsgang durch den Bewährungsraum unserer Existenz wahrlich große Augen gemacht.

Tocqueville
Vom Glück des Freiseins

Eine völlig neue Welt bedarf einer neuen politischen Wissenschaft. Welch ein bahnbrechender Satz, den Alexis de Tocqueville seinen französischen Landsleuten, man könnte sagen, ins Stammbuch schreibt. Zurückgekehrt von seiner zehnmonatigen Reise durch die Vereinigten Staaten veröffentlicht er 1835/40 *Über die Demokratie in Amerika* – ein zweibändiges Werk, das für ein Verständnis des Politischen wegweisend ist. In den Vereinigten Staaten begegnet dem jungen Adeligen „eine völlig neue Welt", und um diese angemessen zu verstehen, bedarf es „einer neuen politischen Wissenschaft".

Es geht um nichts Geringeres als um Freiheit oder Despotismus, ja Tocquevilles Schilderungen der amerikanischen Lebensweise und ihre Verankerung in der noch jungen Republik sollen zu denken geben. Seinen französischen Mitbürgern will er beispielhaft vor Augen führen, welche Chancen eine freie Lebensweise bietet und welchen Gefahren sie auch ausgesetzt ist.

Mit dem erhabenen Begriff der Freiheit verbindet er nicht nur, wie es neuzeitlich üblich ist, einen Zustand größtmöglicher Unabhängigkeit. Freiheit etwa mit Thomas Hobbes als „Unabhängigkeit von äußeren Hindernissen" zu verstehen oder mit Immanuel Kant als „Unabhängigkeit von anderer Menschen nötigender Willkür", kommt für Tocqueville nicht in Frage. Er begreift Freiheit umfassender, nämlich als eine Lebensweise. Ja, er sagt sogar, man solle ihn nicht nötigen, Freiheit zu definieren.

Freiheit ist für ihn Freisein, und als tätiges In-der-Welt-Sein erschöpft sie sich nicht in bloßer Unabhängigkeit. Wer Freiheit auf Unabhängigkeit reduziert, wie dies liberale Denker oft tun, greift nach Tocqueville zu kurz. Freiheit als freie Lebensweise ist umfänglicher. Sie ist im konkreten und unvorhersehbaren Tätigsein verankert und in dieser Verwirklichungsperspektive durchbricht und überbietet sie jede nur formelhafte Definition.

Als, wie er sich selbst bezeichnet, *Liberaler neuer Art* geht er ganz phänomenologisch vor. Wie sein Vorbild Montesquieu beobachtet und studiert er das alltägliche Leben von Menschen und in scharfsinniger Analyse bringt auch er die besonderen, gesellschaftsprägenden Sitten und Gewohnheiten auf den Begriff. So nannte man ihn auch den *Montesquieu des 19. Jahrhunderts*.

Nachdem allerdings Montesquieu das vorrevolutionäre, zentralistische Frankreich des 18. Jahrhunderts analysiert hat, befasst sich Tocqueville mit der nachrevolutionären Welt. Nach dem Zusammenbruch des Ancien Régime kommt Frankreich in der ersten Hälfte des 19. Jahrhunderts nicht zur Ruhe. Wechselnde Herrschaftsordnungen und deren Herrscher erschüttern das Land, so dass die Gefahr besteht, die erkämpften Früchte der Französischen Revolution nicht nur aus den Augen zu verlieren.

Während sich sein leidgeplagtes Frankreich also quält, angesichts all der Umbrüche politische Stabilität hervorzubringen, sieht er in den Vereinigten Staaten eine vitale und von den Bürgern getragene Republik. Dies beeindruckt Tocqueville ungemein, ja sosehr, dass er eine neue politische Wissenschaft einfordert: eine rhetorische. Sie soll eine praktische Wissenschaft sein, die um eines gelungenen Zusammenlebens willen nach Einsichten sucht.

Weder die Anhäufung von Belanglosigkeiten noch ein Wissen um des bloßen Wissens willen ist gefragt. Eine politische Wissenschaft, die sich als Aufklärungswissenschaft der eigenen Republik zuwendet, zeigt sich als praktische Disziplin, wenn sie der gemeinsamen Lebenspraxis auch dient. Sie darf sich nicht terminologisch abkapseln und hermetisch abriegeln. Im Gegenteil, sie steht im öffentlichen Dienst und als solche sollte sie, vor allem auch sprachlich, Eingang finden in die Lebenswelt, der sie entstammt.

Die neue politische Wissenschaft soll der Bürgerschaft gute Dienste leisten. Sie soll dazu beitragen, dass die Menschen sich aufklären: über sich selbst und über ihr öffentliches Handeln. Als politische Wissenschaft in einer Republik sollte sie sich als bürgerfreundliche Institution verstehen, die für all ihr Tun, sprich für ihre konkrete Forschungs-, Untersuchungs- und Lehrpraxis Verantwortung übernimmt. Als kritische wie auch als selbstkritische Handlungswissenschaft soll sie den Menschen bei der Einbürgerung in ihre politische Ordnung zur Seite stehen, und zur gemeinsamen Selbstinterpretation mag sie bitte ihren reflektierenden Beitrag leisten.

Solange die Menschen von einer unantastbaren Obrigkeit beherrscht und gedemütigt wurden, war dies weder möglich noch erwünscht. Nun aber, wo nach der Französischen Revolution die angemaßte Herrschaft des Ancien Régime ein für alle Mal beseitigt ist, gehört es für Tocqueville zum Wesenskern der politischen Wissenschaft, zur Aufklärung und Förderung einer freien Lebensweise beizutragen. Eine nun gänzlich neue Welt braucht eine neue politische Wissenschaft.

Freiheitsvorbildliches, aber auch Freiheitsgefährdendes hat er während seines Amerika-Aufenthaltes kennengelernt, und dieses Wissen sowie seine neu gewonnenen Einsichten will er seinen Landsleuten, die in Freiheitsdingen unerfahren sind, nahebringen. Es gilt, die Wahrnehmung für das Politische begrifflich zu schärfen und die zentralen Kategorien einer menschenwürdigen politischen Ordnung ins Bewusstsein zu heben. Denn Freiheit ist anspruchsvoll, und eine Freiheitsordnung, in der die Menschen immer noch in eingewöhnter Untertanenmentalität verharren und darin gefangen sind, ist sehr zerbrechlich oder schlimmer noch fast unmöglich.

Angesichts der „durchgängigen Verwirrung der Begriffe und der allgemeinen Erschütterung der Anschauungen“ analysiert Tocqueville die vorherrschenden Denkgewohnheiten. Welche Denkmuster leiten die Menschen, und in welchen Kategorien und begrifflichen Hinsichten nehmen handelnde Menschen ihre politische Realität wahr?

Wer wie Tocqueville Abgeordneter, Mitglied des Verfassungsausschusses, Vizepräsident der Nationalversammlung und auch für eine kurze Zeit Außenminister der Zweiten Französischen Republik war, ist ein erfahrungsgesättigter politischer Autor. Er schreibt aus dem Politischen für das Politische, und seine Wirklichkeitswissenschaft ist das gerade Gegenteil jener spekulativ-praxisfernen Literatur, die er an seinen zeitgenössischen *hommes de lettres* kritisiert. Sie kamen „auf den Gedanken, die Gesellschaft ihrer Zeit nach einem vollständig neuen Plan einzurichten, den jeder von ihnen nur im Licht seiner Vernunft entwarf". So geißelt er die Kopfgeburten der weltfremden Schriftsteller.

Beide, Alexis de Tocqueville wie auch Hannah Arendt, formulieren explizit als Bürger und als Bürgerin und beide interpretieren ihre politische Wissenschaft als Bürgerwissenschaft. Sie soll die Institutionen einer Republik verstehbar machen und den Menschen ein Vokabular zur Hand geben, das ihnen hilft, sich nicht mehr als Leibeigene, als Untertanen oder als Funktionäre eines Terrorstaates zu sehen. Und beide gehen noch einen Schritt weiter. Eine rein privatistische Lebensweise, die sich vom Öffentlichen fernhält, begreifen sie als Gift für eine jede Republik. Bei Tocqueville ist es der *individualisme*, den er als Lebenshaltung kritisiert, und bei Arendt die moderne Lebensweise des *animal laborans*, dessen

Tätigsein sich in der puren Kreisläufigkeit des Arbeitens und Konsumierens erschöpft.

Es wird klar, was Alexis de Tocqueville mit rhetorischer Wissenschaft meint. Sie soll die Menschen in ihrer Lebenswelt erreichen und sie über die Qualität ihrer eigenen politischen Ordnung aufklären. Sie soll die Standards ihrer Bürgerordnung ausbuchstabieren, bewusstmachen und ins öffentliche Gespräch bringen, so dass die selbst auferlegten Qualitätsansprüche einer zivilen Selbstregierung sowohl den Repräsentierten, aber vor allem den gewählten Repräsentanten in Fleisch und Blut übergehen.

Tocquevilles Argumentation richtet sich gegen dominierende kontinentaleuropäische Denkgewohnheiten. So lehnt er jedwede Form von Staatszentriertheit ab. Eine Redeweise wie „der Staat und *seine* Bürger" kommt ihm nicht über die Lippen. Er denkt radikal republikanisch, also von den Bürgern her. Sie sind die handelnden Akteure, weswegen ihnen das besitzanzeigende Fürwort zusteht: „die Bürger und *ihre* politische Ordnung".

Ebenso wie Hannah Arendt unterläuft er ein Politikverständnis, das die Herrschaftskategorie zur Leitkategorie des Politischen erhebt. Mit der Herrschaftskategorie erfolgt stets eine Zweiteilung der Menschen in Herrscher und Beherrschte. Das Trennende tritt dabei in den Vordergrund, was Tocqueville aus dem alten Europa kennt: „Fast überall in Europa herrscht der oberste Machthaber auf zweierlei Art: er lenkt den einen Teil der Bürger durch die Furcht, die seine Werkzeuge ihm einflößen; und den andern durch die Hoffnung, seine Werkzeuge zu werden."

Eine politische Ordnung, die die Menschen in Herrscher und Beherrschte, in Befehlende und Gehorchende entzweit, hat kein gemeinsames Gut. Gleichberechtigte Bürger, die ihre öffentlichen Angelegenheiten nach festgelegten Verfassungsregeln selbst gestalten, kommen in dieser obrigkeitsfixierten Denktradition nicht vor.

Wie Montesquieu und die amerikanischen Verfassungsinterpreten der *Federalist Papers* denkt auch Tocqueville aus einer Perspektive, in der Macht allererst von den Bürgern hervorgebracht werden muss. Denn eine Obrigkeit gibt es in den Vereinigten Staaten ja nicht. Es müssen politische Institutionen zunächst gegründet und anschließend von handelnden Menschen mit Leben erfüllt werden. Montesquieus Erbe ist hier deutlich zu erkennen: *pouvoir* als Verb und zugleich als Substantiv, als handelnkönnen und als Macht. Nur konkretes Handeln gründet und bewahrt politische Institutionen, und allein praktisches Gestalten stärkt die Muskeln der politischen Urteilskraft.

„Die Aristokratie bildete aus allen Bürgern eine lange Kette, die vom Bauern bis zum König hinaufreichte; die Demokratie zerbricht die Kette und sondert jeden Ring für sich ab." Dieser Satz führt ins Zentrum der Tocqueville'schen Zeitdiagnose. Denn der Begriff *Demokratie* hat für ihn eine besondere Bedeutung. Für den Modernitätsdenker Tocqueville ist *Demokratie* ein weltgeschichtlicher Epochenbegriff. Mit dem Zeitalter der Demokratie ist ein neues Zeitalter angebrochen. Es ist das Zeitalter der *égalité des conditions*, in dem die Privilegien der Feudalgesellschaft ihre Geltung verloren haben. Die Menschen sind formal und rechtlich frei, aber ihr gesamtes Denken und all ihre Gewohnheiten können mit der tiefgreifenden Veränderung ihrer Lebensumstände nicht Schritt halten.

Tocqueville ist sich darüber im Klaren, welch große Faszination von der neuen Aussicht ausgeht, nun endlich selbst- und eigenständig handeln zu können. Da liegt es nahe, dass jeder sich in erster Linie um sich selbst kümmert. Die althergebrachten, überlieferten Bindungen zwischen den Menschen haben sich aufgelöst, und angesichts der vielen nun lockenden Möglichkeiten, aus eigenen Kräften privat und beruflich aufzusteigen, liegt es auf der Hand, dass das Streben nach Wohlstand ins Zentrum des eigenen Tätigseins rückt.

„Demnach müssen die Menschen der demokratischen Zeiten frei sein, um sich die materiellen Genüsse, nach denen sie beständig verlangen, bequemer zu verschaffen." Die damit einhergehende Geschäftigkeit, die ihm auf Schritt und Tritt in der Neuen Welt begegnet, droht die Menschen einzunehmen und in den Bann zu ziehen. Doch, und dies ist wichtig, dem Analytiker der in Anfängen modernen Gesellschaft geht es nicht darum, das Wohlstandsstreben zu diskreditieren. Ganz im Gegenteil stellt er klar: „Nicht das werfe ich der Gleichheit vor, dass sie die Menschen zur Jagd nach verbotenen Genüssen treibt; sondern dass sie sie mit dem Begehren erlaubter Genüsse ganz und gar ausfüllt."

Der Ehrgeiz, der sich in der neuen Gesellschaft gleicher Wettbewerbschancen Bahn bricht und der, wie Adam Smith beschreibt, zum *Wohlstand der Nationen* beiträgt, stachelt die Menschen in ihrem Innersten an. Doch Tocqueville hält dies nicht für verwerflich. Worauf er allerdings hinweist, ist eine andere Gefahr. Er sieht eine Gesellschaft heraufziehen, in der sich die Menschen in ihre Privatheit einschließen und in der ein jeder nur noch auf sich fixiert ist und um seinen eigenen Nabel kreist.

Diese Haltung von Menschen, der gemeinsamen Welt den Rücken zuzukehren und sich aus dem Politischen herauszuhalten, beschreibt er mit dem Begriff des *individualisme*. „Der Individualismus ist ein überlegendes und friedfertiges Gefühl, das jeden Bürger drängt, sich von der Masse fernzuhalten und sich mit seiner Familie und seinen Freunden abzusondern; nachdem er sich eine kleine Gesellschaft für seinen Bedarf geschaffen hat, überlässt er die große Gesellschaft gern sich selbst."

Die Rede ist nun nicht von der Selbstsucht, die er als „leidenschaftliche und übersteigerte Liebe zu sich selber" beschreibt. Dieses Laster narzisstischer Egozentrik, das „den Menschen dazu treibt, alles nur auf sich zu beziehen und sich selber vor allem den Vorzug zu geben", hat es zu allen Zeiten gegeben. Was er vielmehr zur Sprache bringt, ist ein bestimmter Habitus. Es ist die Lebensweise des von der Politik zurückgezogenen Privatmannes, der meint, mit dem freiwilligen Sich-Fernhalten von den öffentlichen Angelegenheiten sein eigener Herr zu bleiben. Und dies sei Freiheit.

Äußerst sensibel und geradezu seismographisch macht Alexis de Tocqueville auf Entwicklungen moderner Gesellschaften aufmerksam. Er analysiert sie in ihrem Ursprung und er gibt uns Begrifflichkeiten zur Hand, die uns dabei helfen, unsere modernen Daseinsbedingungen zu erhellen. Während in den durch die Feudalaristokratie beherrschten vordemokratischen Gesellschaften die Reichen ihres Reichtums unangefochten sicher waren und nicht *für* den Reichtum lebten, sondern *von* dem Reichtum, hatten sich die Armen in ihr unausweichliches Schicksal gefügt. Demgegenüber erweist sich die neue, demokratische Gesellschaft in ihrem Selbstverständnis als durchlässig und in höchstem Maße flexibel.

Richard Sennett, der amerikanische Soziologe und Schüler Hannah Arendts, hat diese von Tocqueville entdeckte Grundsignatur des demokratischen Menschentypus in *Der flexible Mensch* aufs Einfühlsamste herausgearbeitet. Zeichnet Tocqueville noch das Bild des mobilen, aber auch rastlos-ungeduldigen demokratischen Menschen, so trifft Sennett voll ins Schwarze, wenn er unsere moderne Lebensweise als *drift* bezeichnet, als haltloses Dahintreiben in einer Massengesellschaft. Mit seinem von Tocqueville inspirierten Erstlingswerk hatte Richard Sennett bereits Furore gemacht. Der Titel lautete: *Verfall und Ende des öffentlichen Lebens. Die Tyrannei der Intimität*.

In rhetorischer Eleganz, die in der politischen Wissenschaft ihresgleichen sucht, formuliert Tocqueville: „Es gibt in der Tat einen sehr gefährlichen Übergang im Leben der demokratischen Völker. Entwickelt sich in einem dieser Völker die Vorliebe für materielle

Genüsse schneller als die Bildung und die freiheitliche Gewohnheit, so tritt ein Augenblick ein, da die Menschen vom Anblick der begehrten Güter fortgerissen werden und wie außer sich sind. Nur auf das Reichwerden bedacht, bemerken sie nicht mehr das enge Band, welches das Wohlergehen jedes Einzelnen von ihnen mit dem Gedeihen aller verknüpft. Man braucht solchen Bürgern die Rechte, die sie besitzen, nicht zu entreißen; sie lassen sie selber gern fahren."

Unter der Hand und beinahe unbemerkt kann einer Gesellschaft von hartnäckig auf ihre Unabhängigkeit pochenden Privatleuten ihre politische Freiheit entgleiten. Wenn ein jeder geradezu stolz darauf ist, sich vom politischen Leben fernzuhalten und dies für den Gipfel einer geglückten Existenz hält, so nehmen die Institutionen einer Freiheitsordnung Schaden. Die Republik, die den verfassungsmäßigen Boden für das private Glück allererst bereitet und in deren Schutz das Wohlstandsstreben doch erst gedeihen kann, wird für selbstverständlich gehalten. Der Erhalt und das Fortbestehen der schützenden politischen Ordnung geraten aus dem Blick, und die Spannweite einer freien Lebensweise wird auf die private Glückssuche verengt – ein grandioser Trugschluss in den Augen Tocquevilles. Denn für ihn entsteht der Wohlstand aus der Freiheit und keinesfalls die Freiheit aus dem Wohlstandsstreben!

Das Streben nach Glück, *the pursuit of happiness*, wie es in der amerikanischen Verfassung heißt, richtet sich für ihn auf zwei Ziele: auf *private happiness* und auf *public happiness*. Und dass die Bürger der Vereinigten Staaten dies in jener Zeit auch so gesehen haben, fasziniert ihn. Einerseits. Und andererseits erschreckt es ihn, wie leichtfertig alles verspielt werden kann.

Tocqueville befürchtet, dass sich in den demokratischen Zeitaltern eine neue Form des Despotismus ausbreiten kann. Dabei handelt es sich um eine „besondere Form der Tyrannei, die man den demokratischen Despotismus nennt und von der das Mittelalter noch keine Vorstellung gehabt hat“. Mit dieser Zuspitzung, die er in seinem zweiten Hauptwerk *Der Alte Staat und die Revolution* formuliert, legt er die Finger in die Wunde. Denn für ihn befinden sich die Menschen des neuen, demokratischen Zeitalters an einem Scheideweg: Gelingt den von der Obrigkeit befreiten Menschen das schwierige Unternehmen, eine intakte und langlebige Republik zu etablieren, in der sich die früheren Untertanen in Bürger verwandeln, oder überantworten sich die nunmehr Gleichen einem *despotisme administratif*, einer allzuständigen Verwaltungsdespotie?

Leben die rechtlich gleichgestellten Menschen ihre Freiheit in einer Republik oder unterwerfen sich die

Gleichgestellten einer Verwaltungszentrale, die sie zwar gleichbehandelt, aber wieder entmündigt? Kehren die Befreiten auf ihrem Weg von der *Vormundschaft zur Bürgerschaft* etwa wieder um? Diese Gefahr hat der sensible Gesellschaftsanalytiker vor Augen: „Ich will mir vorstellen, unter welchen neuen Merkmalen der Despotismus in der Welt auftreten könnte: ich erblicke eine Menge einander ähnlicher und gleichgestellter Menschen, die sich rastlos im Kreise drehen, um sich kleine und gewöhnliche Vergnügungen zu verschaffen, die ihr Gemüt ausfüllen. Jeder steht in seiner Vereinzelung dem Schicksal aller andern fremd gegenüber."

Tocqueville zeichnet hier bereits in Ansätzen das Bild von vergnügungssüchtigen Kindern, das Neil Postman in *Wir amüsieren uns zu Tode* 150 Jahre später seinen amerikanischen Zeitgenossen als Spiegel vorgehalten hat. Unverbunden und unfähig zu politischem Handeln steht jedermann dem Schicksal seiner Mitbürger tatenlos gegenüber. Da in Zeitaltern der Gleichheit keiner verpflichtet ist, seinen Mitmenschen beizustehen, und auch keiner erwarten kann, dass ihm in der Not geholfen wird, fühlt sich jeder zwar unabhängig, aber auch schwach.

„In dieser Notlage", so Tocqueville, „richtet er natürlich seine Blicke auf jenes riesenhafte Wesen, das als einziges das allgemeine Hinabsinken überragt". Der demokratische Mensch neigt sehr schnell dazu, nach einem vormundschaftlichen Leviathan zu rufen, sprich nach einer ordnenden und anordnenden Zentrale, die wie ein Hausmeister die Mietparteien betreut, ihr Zusammenleben regelt und penibel für Ruhe und Ordnung sorgt.

Doch anders als jede herkömmliche Tyrannei herrscht der Verwaltungsdespotismus auf eine besonders milde Art und Weise. Er „tyrannisiert nicht, er hemmt, er drückt nieder, er zermürbt, er löscht aus, er stumpft ab“. Alle Eigeninitiative und jede Handlungsbereitschaft werden am Gängelband der Bürokratie im Keim erstickt, ja der Ruf nach immer weitergehender „Herrschaft des Niemand“ – so nennt Hannah Arendt die Herrschaft des Büros, der Bürokratie – dürfte immer lauter werden. Des eigenen Handelns entwöhnt traut man sich selbst nichts mehr zu, und die Urteilskraft, die aus stetigem und möglichst klugem Handeln erwächst und stark wird, fristet ein beklagenswertes Dasein. Sie wird geschwächt und sie verkümmert.

Für Alexis de Tocqueville ist es gerade die Verquickung von Volkssouveränität und Zentralisierung, die der politischen Freiheit das Wasser abgräbt. Denn wenn Verwaltungsdespoten oder in heutigen Zeiten auch despotisch auftretende Demagogen im Namen des Volkes für Ordnung sorgen wollen und sich als Sprachrohr des Volkes aufplustern, ist es um die Freiheit und Selbstregierung in einer Republik geschehen. So kommt für Tocqueville „der Despotismus durch das Tor herein, das ihm die um die Wahrung ihres kleinen Besitzstandes besorgten Bürger geöffnet haben."

Das Sich-Zurückziehen aus den öffentlichen Angelegenheiten und die freiwillige Preisgabe der eigenen Handlungsmöglichkeiten, was im *individualisme* zutage tritt, höhlt jede Bürgerordnung aus. Insofern können Tocquevilles *Über die Demokratie in Amerika* und *Der Alte Staat und die Revolution* als kluge und leicht lesbare Mahnschriften gelesen werden. Das vergangene ständestaatliche Zeitalter der ungleichen Freiheit soll nicht durch eine Epoche gleicher Unfreiheit abgelöst werden.

Nicht Gleichheit in der Unfreiheit, sondern Bürgergleichheit in der Freiheit ist für ihn erstrebenswert. Eine solche zivile Grunderfahrung, nämlich in öffentlichen Angelegenheiten jederzeit auf Augenhöhe mit Seinesgleichen, und seien es auch hohe Amtsinhaber, in Kontakt zu treten, zu sprechen und zu handeln, bildet das inspirierende Prinzip des Handeln-Könnens in einer intakten Republik.

Es ist zwar nicht das theoretische Buchwissen, das eine Republik am Leben erhält. Doch mit Hannah

Arendt im Gepäck können wir uns Tocqueville zu einem Zeitgenossen machen. Er thematisiert geradezu leidenschaftlich die *associations libres*, jene oft auch spontanen Vereinigungen von Bürgern, in denen die Amerikaner der damaligen Zeit ihre politische Freiheit praktizieren.

Es sind die so vielfältigen Zusammenschlüsse und die daraus entspringenden Machtquellen, die für den wissbegierigen Franzosen ein Bollwerk gegen jedwede Form der Entmündigung bilden. In ihnen üben sich die Bürger in ihre „Kunst der Vereinigung“ ein, in jene politische Kunst, die er für *die* Grundwissenschaft einer jeden intakten Republik hält. Sich gemeinsam öffentliche Räume zu schaffen, in denen Menschen ihren Bürgersinn pflegen, ihre praktische Urteilskraft stärken und darüber einen geradezu sinnlichen *goût de la liberté*, einen Geschmack an der Freiheit, entdecken, entwickeln und verfeinern, ist Tocquevilles großes Thema.

Christian Meyer-Heidemann, der Landesbeauftragte für politische Bildung in Schleswig-Holstein, führt diesen Gedankengang sehr sensibel fort, wenn er mit dem kanadischen Sozialphilosophen Charles Taylor auf Tocqueville zu sprechen kommt. Nach Taylor, dem Autor von *Quellen des Selbst*, justiert sich der innere Kompass unserer Lebensführung durch unsere starken Wertungen. Denn in unseren starken Wertungen interpretieren wir unser Selbst und geben wir zu erkennen, was für uns und unsere Identität von höchster Bedeutung ist. Ist uns wirklich unser Bürgersein bedeutsam, wichtig, ja wenn's drauf ankommt unverzichtbar?

Vor diesem Hintergrund ist Tocqueville für den zeitgenössischen Denker Taylor so fruchtbar an Einsichten, weil dieser Freiheit als Verwirklichungsbegriff thematisiert. Wie steht es mit unserem Geschmack an der politischen Freiheit? Bilden wir ihn aus, verfeinern wir ihn und wird er gar zu einem wesentlichen Bestandteil unserer Identität?

Es ist das höchst anspruchsvolle Zusammenspiel von *Selbstbildung und Bürgeridentität,* das Christian Meyer-Heidemann in seinem gleichnamigen Buch entfaltet. Nicht von einer bloßen *Bürgerrolle,* die man je nach Situation einnehmen oder auch ablegen kann, ist da die Rede. Es steht, wie uns Tocqueville lehrt, mehr auf dem Spiel.

Allein das Aufbegehren gegen einen Despoten und das Verlangen, sich von den Übeln seiner angemaßten Herrschaft zu befreien, führen nach Tocqueville noch nicht ins Zentrum politischer Freiheit. Denn „man schien die Freiheit zu lieben, es findet sich, dass man nur den Herrn hasste". Der Beweggrund, frei zu sein, liegt offensichtlich tiefer. Es ist das pure

Verlangen, ja das schiere Vergnügen, mit anderen Menschen die Welt zu verstehen, sie gemeinsam zu beurteilen und handelnd zu gestalten. In dieser elementaren Erfahrung gründet sein Unbehagen, Freiheit definieren zu sollen: „Man mute mir nicht zu, diese erhabene Lust zu analysieren, man muss sie empfinden."

Tocqueville erfährt das Glück des Freiseins. Er erfährt Freiheit als existenzielles Tätigsein. Er erfährt Freiheit in einer Republik.

Arendt
Wir sind die Republik

Das Mädchen aus der Fremde wurde Hannah Arendt in einem Filmbeitrag genannt, und als Flüchtling in der Fremde hat sie 1941 in den USA eine neue Heimat gefunden. Die Heimatsuche war ihr Lebensthema. Einen Platz in der Welt zu finden und als Weltwesen ein originär menschliches Leben zu führen, durchzieht Arendts politisches Denken.

Bereits in ihrer Biographie über *Rahel Varnhagen – Lebensgeschichte einer deutschen Jüdin aus der Romantik* kommt der Grundton von Weltentfremdung und Weltverlust exemplarisch zum Ausdruck. Zeitlebens ist Rahel Varnhagen, deren Berliner Salon Anfang des 19. Jahrhunderts *der* Intellektuellentreffpunkt war, auf der Suche nach ihrem Ort in der Welt.

Aus Scham über ihr Jüdischsein, so Arendt, unternimmt Rahel krampfhafte Anstrengungen, ihr „Stigma des Unglücks“ abzuschütteln. Jedoch alle Anpassungsbemühungen an die maßgebenden Standards der nichtjüdischen Welt sind zum Scheitern verurteilt. Sei es ihre Einheirat in den Adel oder die christliche Taufe, ihre vielfältigen Versuche, einen anerkannten Ort in der Welt einzunehmen, gelingen nicht.

Zu sehr interpretiert Rahel Varnhagen ihr Ausgeschlossensein als individuelles Problem, und ihre Hoffnung, über verleugnende Selbstaufgabe Eingang in die herbeigesehnte Welt zu finden, wird ein ums andere Mal jäh enttäuscht. Erst als sie ihr Jüdischsein anerkennt, kommt ihr die politische Dimension ihrer Existenz, die ja immer auch zu deuten und zu interpretieren ist, in den Blick. Nun ist ihr klar vor Augen: Es gibt keine Assimilation, wenn man nur seine eigene Vergangenheit aufgibt und sich in eine judenfeindliche Gesellschaft assimiliert. Der Weg, sich in der Welt zurechtzufinden, muss ein anderer sein.

Rahel Varnhagen überdenkt ihre bisherige Selbstinterpretation und sie entdeckt sich als politischen Menschen. Sobald sie bereit ist, sich selbst als Jüdin anzuerkennen, ermöglicht ihre neue Wahrnehmung eine andere, eine im weitesten Sinne politische, Handlungsperspektive. Nun kann sie initiativ werden und versuchen, sich mit anderen zusammenzuschließen, um gemeinsam zu handeln. Denn weder ohnmächtiges Erleiden noch die Flucht aus der eigenen Schwere des Daseins sind ein Ausweg. Sie entpuppen sich als Irrwege. Die unpolitische Selbstverleugnung endet in einer Sackgasse, und als einzig gangbarer Weg, ihrer leidvollen Situation zu entkommen, eröffnet sich der Weg zum Politischen.

Nicht *sie* muss sich ständig verbiegen und dabei Gefahr laufen, sich aufzugeben und letztlich zu verlieren. Es muss ein Weg der Wirklichkeitsveränderung beschritten werden. Die bis dato unzugängliche Welt muss im Handeln mit anderen verändert werden, so dass sich neue Perspektiven für eine zukünftige Wirklichkeit eröffnen.

Dies alles jedoch geschieht nicht von allein, und auch nicht, wenn man nur allein ist. Erst im gemeinsamen Handeln mit anderen Menschen, im *acting in concert*, wie Hannah Arendt unter Verweis auf Edmund Burke oft betont, kann die Welt für das eigene Handeln aufgeschlossen werden. Hier erweist sich Freiheit als Freiheit des Anfangen-Könnens. Freiheit zeigt sich als Tätigkeit, und politische Freiheit als originär politische Tätigkeit.

„Das Leben ist“, noch einmal Aristoteles, „ein Tätigsein“, und es gleicht unserer zweiten Geburt, wenn wir uns als Handelnde entdecken. Mit unserer ersten

Geburt erblicken wir das Licht der Welt, aber erst in dem Maße, indem wir uns handelnd in die Welt einmischen, vollziehen wir unsere zweite Geburt. In diesem Sinne haben wir ja Sokrates als Geburtshelfer kennengelernt.

In unserer ersten, der leiblichen Geburt, kommen wir als rein biologisches, ja Naturwesen auf die Welt. Aber erst indem wir unsere Sprache entwickeln und wir mit unserem Handeln uns einen Weg in die Welt und in der Welt bahnen, erleben wir den allmählichen Prozess unserer zweiten Geburt. Zur biologischen Existenz gesellt sich unsere biographische Existenz, unsere Lebensgeschichte. Unsere persönliche Biographie wird zu einem Faktum in der Welt. Doch, so Arendt in *Rahel Varnhagen*: „Wie soll das Faktum noch etwas bedeuten, wenn der Mensch selbst ihm seine Bedeutung versagt?“

Angesichts der nationalsozialistischen Judenverfolgung und -ausrottung macht Hannah Arendt klar, wie bedeutungslos menschliches Leben sein kann. Massenhaft werden Menschen deportiert und in den fabrikmäßig betriebenen Konzentrationslagern ermordet. Doch bei diesen Menschen handelt es sich nicht etwa um gefürchtete Rebellen, revoltierende Systemgegner oder um Putschisten, die eine Tyrannei stürzen wollen. Sie greifen weder nach der Macht noch haben sie sich irgendetwas zuschulden kommen lassen. Sie sind einfach nur auf der Welt.

Als *objektive Gegner*, obwohl sie gar nichts getan haben, werden sie gebrandmarkt. Sie werden an den Pranger gestellt und verfolgt, weil sie dem Siegeszug einer totalen Herrschaft im Weg stehen. Ob Juden, Sinti und Roma, Homosexuelle, Kommunisten oder sogenanntes unwertes Leben, sie müssen alle *ausgemerzt* werden. Gemäß der nationalsozialistischen Ideologie, die eine reinrassige Weltherrschaft anstrebt, müssen sie exekutiert werden. Was der Einzelne in der Welt unternommen hat, welche Meinungen und Sichtweisen er vertritt, ist vollkommen belanglos. Es bedeutet nichts. Es kommt allein darauf an, ihn aus der Welt zu schaffen, ihn, den objektiven Gegner.

Während jede herkömmliche Tyrannei als Willkürherrschaft, das heißt als gesetz*lose* Herrschaft ihr Unwesen treibt, sieht sich die totale Herrschaft gerade als Gesetzesvollstreckerin. Sei es das *Gesetz der Geschichte*, dessen Verwirklichung sich der Stalinismus auf seine Fahnen geschrieben hat, oder das *Gesetz der Natur*, das der Nationalsozialismus in seinem Rassenwahn zu exekutieren glaubt, man führt nur aus, was sowieso geschichts- oder naturnotwendig sei.

Während man Verbrecher aufgrund ihrer verbrecherischen Taten bestrafen kann, lässt die totale Herrschaft ihre Opfer einfach vom Erdboden verschwinden. Herausgerissen aus der Welt, in der sie als handelnde Personen von Bedeutung waren, sind sie einer ebenso totalen Entwürdigung preisgegeben. Die Tore des totalitären Experiments schließen sie in die *Höhlen des Vergessens*, wie Hannah Arendt die KZs nennt, ein.

Der Gegensatz zwischen dieser antipolitischen Unwelt und der politischen Welt, zwischen den Stätten des Sterbens und den Städten des Lebens, kann größer nicht sein. Die Polis als *der* Erscheinungsraum handelnder und sprechender Wesen steht der Antipolis der Vernichtungskammern diametral gegenüber.

Dass Wege zum Politischen bisweilen einen Umweg über das Unpolitische nehmen können, ist Hannah Arendt aus der Menschheitsgeschichte bekannt. Herkömmliche Tyranneien hat es schon immer gegeben, und deren Willkürherrschaft hält Arendt für unpolitisch. Sie verwüsten den politischen Raum und hinterlassen eine Ödnis, in der kein öffentliches Leben mehr stattfindet.

Die völlig neue Staatsform der totalen Herrschaft hingegen hat für Arendt einen ganz anderen Charakter. Sie zeigt sich nicht als eine menschenleere Wüste, sondern hier wütet nach Hannah Arendt der Sandsturm in der Wüste. Als allmächtig mitreißende Bewegung fanatisierter Massen tobt er sich aus und vereinnahmt alles und jeden. Und in der Tat, die nationalsozialistische Bewegung hat ja gerade keinen Rückzug in ein unpolitisches Privatleben zugelassen. Als totale Herrschaft hat sie das ganze Leben und Zusammenleben in ihre Bewegung eingespeist. Innerlich angetrieben von der Nazi-Ideologie hat sich die Gewaltherrschaft äußerlich im Terror entladen.

In einer Tyrannei, wo Furcht die Menschen einschließt und sie als Selbstisolierte und Verängstigte gefangenhält, breitet sich die Wüste der Ohnmacht aus. Aus lauter Furcht traut sich niemand zu handeln. Die Herrschaft der Unterdücker bleibt daher stabil. Denn die Menschen vereinzeln sich und bringen keine Macht, insbesondere keine Gegenmacht, die sich gegen die Tyrannen zur Wehr setzen kann, hervor. So liest Hannah Arendt ihren Montesquieu.

Doch mit der neuen Staatsform der totalen Herrschaft erweitert sie sein Denken. Während nämlich eine Tyrannei von der Ohnmacht lebt, lebt die totale Herrschaft von der Allmacht. Und so wie die allgegenwärtige Furcht die einzelnen Menschen in der Tyrannei voneinander trennt und isoliert, so verschmelzen die Menschen in der totalen Herrschaft zu einem einzigen Volkskörper. Als ein einziges Volkswesen von gigantischen Ausmaßen wälzt sich die herrenrassige Allmacht durch eine ideologisch gleichgeschaltete Lebenswirklichkeit. Und so wie eine Ideologie keine widersprechenden Wirklichkeitserfahrungen an sich heranlässt und sich hermetisch dagegen abschottet, so knüppelt sich der Terror, der die Ideologie in der Welt exekutiert, durch die Straßen der Städte.

Montesquieus Unterscheidung zwischen *la nature du gouvernement* und *le pricipe du gouvernement* ist in dieser Weiterführung sehr hilfreich: Der durch die Ideologie entfachte und angeheizte Terror charakterisiert die Natur der totalen Herrschaft, während die abgründige Ideologie der arischen Weltherrschaft das handlungsleitende Prinzip dieser neuen Staatsform darstellt. Als geistiges Schwungrad treibt die Vernichtungsideologie die nationalsozialistische Bewegung an. Sie setzt sie in Bewegung und hält sie in Bewegung – im Kampf gegen immer neue *objektive Gegner*.

Entscheidend ist für Arendt das spezifisch Neuartige dieser massenmobilisierenden Herrschaftsform. „Die Lager dienen nicht nur der Ausrottung von Menschen und der Erniedrigung von Individuen, sondern auch dem ungeheuerlichen Experiment, unter wissenschaftlich exakten Bestimmungen Spontaneität als menschliche Verhaltensweise abzuschaffen und Menschen in ein Ding zu verwandeln, das unter gleichen Bedingungen sich immer gleich verhalten wird, also etwas, was selbst Tiere nicht sind.“

Die totale Herrschaft will in ihrem totalen Herrschaftsanspruch beweisen, dass es möglich ist, Menschen total zu beherrschen und sie zu purem Menschenmaterial zu degradieren. So macht uns Arendt in aller Eindringlichkeit auf die „ungeheure Gefahr der totalitären Erfindungen“ aufmerksam. Sie besteht darin, „Menschen überflüssig zu machen“.

Dieser darin zum Ausdruck kommende Zivilisationsbruch, der in herkömmlichen politischen Kategorien nicht zu begreifen ist und der all unsere Denkgewohnheiten sprengt, beschäftigt Hannah Arendt zutiefst. So plädiert sie dafür, diese neue Herrschaftsform nicht mit all den geschichtlich bekannten Tyranneien gleichzusetzen.

Wenn wir Menschen uns überflüssig machen und uns nur noch als Rädchen im Getriebe, als Funktionen in Systemen oder als Exponenten in automatisiert ablaufenden Prozessen wahrnehmen, treten wir als handelnde und unser Handeln interpretierende Personen nicht mehr in Erscheinung. Indem wir uns übermächtigen Prozessabläufen überantworten, seien sie technischer, wirtschaftlicher oder rein biologischer Art, verlieren wir uns als handelnde Weltwesen. Wir tauchen ein und tauchen unter.

In dieser Perspektive kritisiert Hannah Arendt in *Vita activa oder Vom tätigen Leben* unsere moderne Arbeits- und Konsumgesellschaft. Eingespannt in die hervorbringende und verbrauchende Kreisläufigkeit sich steigernder Produktions- und Konsumprozesse drohen wir zu haltlosen *nobodies* zu degenerieren. Als Gattungsniemande, die in der Arbeit hervorbringend und im Konsum verzehrend ihr Leben fristen, gleichen wir uns als Menschengattung allen anderen Gattungswesen in der Natur an. Mit dem Begriff *animal laborans*, und es lässt sich hinzufügen *et consumens,* beschreibt Arendt diesen im Grunde weltlosen Menschentypus, der gefangen in seiner reinen Körperlichkeit seinen Weltbezügen immer weniger Beachtung schenkt.

Eine Welt, die zum reinen Wirtschaftsstandort mutiert, oder eine Welt, die dem Reißwolf der Vergnügungsindustrie zum Fraß vorgeworfen wird, verliert ihren Charakter als gestaltbaren Aufenthaltsraum und liebenswerte Heimat. Eine möglichst unsterbliche Welt, die uns Sterbliche bestenfalls willkommen heißt und die wir uns als humanen Wohnort und überdauernde Bleibe einrichten, gerät in der Bewegungsdynamik fortlaufender Prozessoptimierung unter die Räder. Was bleibt, ist der Rückzug ins Innere des Selbst – wie Tocqueville bereits sehr sensibel erörtert hat.

Aber dieser Rückzug von der Welt ist für Arendt unpolitisch. „Was wir beobachten, kann auch als die Zunahme von Weltlosigkeit beschrieben werden, als die Verflüchtigung des Zwischen. Dies ist die Ausbreitung der Wüste, und die Wüste ist die Welt, unter deren Bedingungen wir uns bewegen." In unserer Moderne kann Weltlosigkeit zu den verheerendsten Verwüstungen führen, und nach Arendt besteht die Gefahr darin, dass wir beginnen, uns in der Wüste einzurichten. In Anspielung auf Nietzsches *Zarathustra*, in dem vom *letzten Menschen* die Rede ist, warnt uns Arendt vor der Versuchung, unsere Existenz als Wüstenexistenz anzunehmen.

„Die Wüste wächst: weh Dem, der Wüsten birgt!" Arendt greift Nietzsches apokalyptischen Hinweis auf und gibt zu bedenken, dass die Wüste kein geeigneter Aufenthaltsort ist: „The danger is that we become truely inhabitants of the desert and feel at home in it", formuliert sie in ihrem Nachlass.

In dieser Perspektive erscheint die Alltagserfahrung einer zunehmend psychologisierenden Selbstinterpretation der eigenen Existenz und der Boom psychotherapeutischer Hilfsangebote in den fortgeschrittenen Industrieländern verständlich. „Sofern die Psychologie Menschen zu ‚helfen' versucht, hilft sie ihnen, sich der Wüstenexistenz ‚anzupassen'", schreibt Arendt ungemein pointiert.

Demnach stellen nicht die Ausdünnung des zwischenmenschlichen Bezugsgewebes und die Erosion der *res publica* das Problem dar, sondern es werden die psychischen Widerstände thematisiert, die es dem Einzelnen verwehren, sich umstands- und möglichst reibungslos in diese neue Welt einzufügen. Die *res privata* der Selbstoptimierung verdrängt die Sorge um die *res publica*.

Arendt warnt eindringlich davor, sich einem Tanz um das eigene Selbst zu verschreiben und der gemeinsamen Welt den Rücken zuzukehren. Für sie steht fest, und ihr Weltverlust zur Zeit des Nationalsozialismus hat sie dies gelehrt: Weltbegabte Wesen können ihre Qualitäten nicht leben, wenn sie nicht gemeinsam dafür Sorge tragen, untereinander intakte Weltbezüge einzugehen.

Wenn es um gemeinsame Weltgestaltung geht, so ist es nach Arendt verfehlt, den auf sich selbst verwiesenen Existenzen Rezepte zu verschreiben, um darüber ihr Leiden an der modernen Weltentfremdung abzumildern. Wenn wir uns von der Welt abschneiden und uns in unser privates Selbst einbunkern, so mag das Bunkerleben vielleicht genussreich und im Genuss gesichert sein, aber es ist nicht an die Welt angeheftet, und es existiert nichts weltlich Gemeinsames, welches sich im politischen Raum aufhält und ihn aufrechterhält.

„Nicht Selbstentfremdung, sondern Weltentfremdung ist das Kennzeichen der Neuzeit." Mit diesem Satz im geistigen Gepäck können wir Arendts Weg zum Politischen markant verorten. Es ist ein Weg, den Hannah Arendt im Gespräch mit den hier versammelten Weggefährten beschritten hat. Ihre Stimmen, die sie uns hinterlassen haben, wiederzubeleben und ihnen in unseren gemeinsamen Bürgergesprächen Gehör zu verschaffen, ist unsere Herausforderung.

Doch welchen Umgang pflegen wir mit ihnen? Machen wir sie uns wirklich zu befreundeten Zeitgenossen oder verbringen wir die Wegkundigen ins Archiv, wo sie und ihre Werke zu verstauben drohen? Wenden wir uns ihrem *Schatz des Politischen* zu und bereichern wir uns und unsere politische Bildung um ein republikfreundliches Vokabular? Hannah Arendt jedenfalls zieht sie in ihrer politischen Wissenschaft zu Rate – einfach um zu verstehen!

Als Anwältin des Politischen geht es ihr um die Welt, um Brüche in der Welt und um unsere moderne Gefährdung weltlosen Umherirrens. Um der Gefahr moderner Weltentfremdung zu entgehen oder gar zynische Weltverachtung zum dominierenden Imperativ eines gelungenen Lebens zu erheben, mögen wir Hannah Arendts *Sorge um die Welt* ernst nehmen.

Hannah Arendts Selbstentdeckung fand im *Inbetween* statt, im konkreten Sprechen und Handeln in der Welt. Doch wenn die Welt verarmt, brüchig wird und an Tragfähigkeit verliert, was dann? Reicht es dann aus, sich nur zu finden, oder sollten wir uns nicht lieber neu erfinden – als weltzugewandte, politische Menschen?

In all unserem Freisein Orte zu schaffen, die uns tragen, und Institutionen zu pflegen, in denen wir uns wechselseitig Halt geben und zum Handeln einladen, ist Arendts Denkangebot. Die Rede ist wirklich von der Republik. Und apropos wirklich, Wirklichkeit wird nicht gefunden wie ein Gegenstand in unserer Objektwelt, Wirklichkeit wird erfunden. In unserem Sprechen und Handeln, Tag für Tag neu.

Eine Republik, so Ernst Vollrath, ist *die* Institution der Institutionen. Welch ein Satz. Auch wir in unserer Bundesrepublik sollten ihn sehr ernst nehmen und Arendts Wort von der *Heilkraft der Institutionen* beherzigen. Denn es geht wirklich um uns, um unsere Wirklichkeit in unserer Republik.

Nachsicht

In ihrer Rede anlässlich der Verleihung des Lessing-Preises der Freien und Hansestadt Hamburg spricht Hannah Arendt von der Freundschaft in und zu der Welt. Sie führt aus, dass wir heute gewohnt sind, „in der Freundschaft ausschließlich ein Phänomen der Intimität“ zu sehen. Daher fällt es uns Heutigen schwer, die politische Dimension zu verstehen, wenn wir etwa bei Aristoteles lesen, dass die *„philia,* die Freundschaft zwischen den Bürgern“, zu den Grunderfordernissen eines intakten politischen Gemeinwesens gehört. Und weiter denken wir vermutlich, dass es wohl um die Abwesenheit von Streit ginge oder von erbitterten und gar bewaffneten Parteikämpfen. Demnach wäre Freundschaft kuschelig-wohlige Harmonie.

Doch weit gefehlt. Es geht nicht um das Eins-Sein im Miteinander. Für die Griechen der Antike erweist sich die wesentliche Bedeutung der Freundschaft im Gespräch. Denn sie waren der Meinung, „dass das dauernde Miteinander-Sprechen erst die Bürger zu einer Polis vereinige“. Das heißt, es geht um gelebte Pluralität und um ein auch sprachliches Zurechtfinden, Sich-Verorten und Bereden angesichts all der anderen Angesichte. Es geht nicht um etwas kollektiv Einheitliches, sondern um die Gemeinsamkeit des oft auch so schwierigen Zusammenlebens.

Zu diesen Erörterungen gelebter Zivilität mag man sich, ob im Jahr 1959 oder auch heute, die Örtlichkeit des Hamburger Rathauses vorstellen und sich die zierende Inschrift, die über dem Hauptportal angebracht ist, vor Augen führen. Dort lesen wir einen in lateinischer Sprache in Stein gemeißelten und mit Goldfarbe ausgelegten Sinnspruch, der übersetzt folgendermaßen lautet: *Die Freiheit, die die Väter erwarben, möge die Nachwelt würdig zu erhalten trachten.*

Nun könnten wir unter Gendergesichtspunkten auch diesen Sinnspruch wie all die im Buch versammelten Gedanken auf die Waagschale legen und kritisch unter die Lupe nehmen. Doch tun wir uns wirklich einen Gefallen damit? Ist hier das der vergangenen Zeitepoche geschuldete Wort „Väter" wirklich das Bedeutungsvollste, oder sind es angesichts unserer Erörterungen zu gelebter Bürgerexistenz in diesen Textzeilen nicht die Begriffe „Freiheit" und „Nachwelt", die im Zentrum unserer Aufmerksamkeit stehen sollten?

Beide Interpretationshinblicke in der ihnen angemessenen Tiefe auszuleuchten und parallel dazu immer gleichzeitig und Satz für Satz in zwei unterschiedlichen Diskursen zu argumentieren, wollte dieses Buch nicht leisten. Ich habe mich bewusst, und das heißt ohne zu gendern, für uns alle in unserem Bürgerdasein entschieden. Mögen wir uns in all unserer Verschiedenheit und bürgerfreundlichen Verbundenheit wahrnehmen und uns darin respektieren.

In diesem Sinne mag uns unsere innere Republik auf unseren Lebensreisen begleiten, und mit *Hannah Arendt im Gepäck* ist es wie so oft auf einer Reise: Man entdeckt Neues und wird bewanderter – auch auf dem eigenen Weg zum Politischen.